二・二六事件研究

三浦由太
Yuta Miura

郁朋社

歌え女神よ、アキレウスの怒りを。
ギリシア勢に恐るべき惨害をもたらし、
あまた勇士の猛《たけ》き魂を冥府に封じこめ、
その屍肉を群がる犬《けん》鴉《あ》のくらうにまかせた
かの呪うべき怒りを。

（ホメロス『イリアス』）

二・二六事件研究／目次

第三章　軍閥抗争

第四章　助走

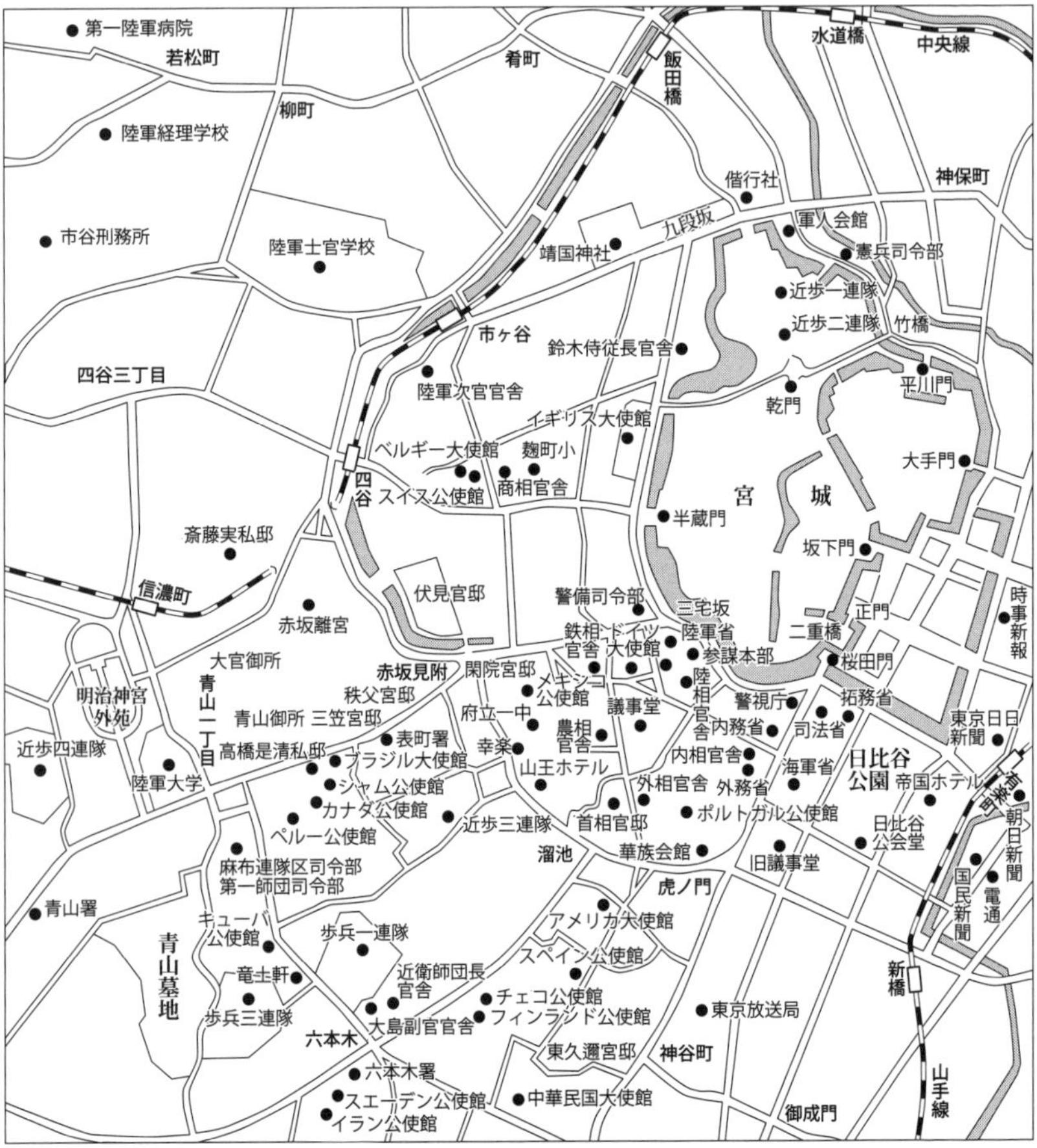

第一陸軍病院
若松町
肴町
飯田橋
水道橋
中央線
柳町
陸軍経理学校
偕行社
神保町
九段坂
軍人会館
市谷刑務所
陸軍士官学校
靖国神社
憲兵司令部
近歩一連隊
近歩二連隊
竹橋
市ヶ谷
鈴木侍従長官舎
四谷三丁目
陸軍次官官舎
平川門
乾門
イギリス大使館
ベルギー大使館
麹町小
大手門
四谷
スイス公使館
商相官舎
宮城
半蔵門
斎藤実私邸
坂下門
信濃町
伏見宮邸
警備司令部
三宅坂
正門
時事新報
赤坂離宮
鉄相官舎
ドイツ大使館
陸軍省
二重橋
大宮御所
参謀本部
桜田門
赤坂見附
閑院宮邸
明治神宮外苑
青山一丁目
秩父宮邸
メキシコ公使館
陸相官舎
警視庁
拓務省
議事堂
青山御所
三笠宮邸
府立一中
農相官舎
内務省
司法省
東京日日新聞
近歩四連隊
高橋是清私邸
表町署
幸楽
内相官舎
日比谷公園
ブラジル大使館
山王ホテル
海軍省
陸軍大学
シャム公使館
外相官舎
外務省
帝国ホテル
有楽町
カナダ公使館
ポルトガル公使館
近歩三連隊
首相官邸
朝日新聞
ペルー公使館
日比谷公会堂
溜池
華族会館
麻布連隊区司令部
第一師団司令部
旧議事堂
国民新聞
電通
虎ノ門
青山署
アメリカ大使館
キューバ公使館
歩兵一連隊
青山墓地
スペイン公使館
新橋
近衛師団長官舎
竜土軒
チェコ公使館
歩兵三連隊
大島副官官舎
フィンランド公使館
東京放送局
六本木
東久邇宮邸
神谷町
六本木署
山手線
スエーデン公使館
中華民国大使館
御成門
イラン公使館

事件関係要図

第一章

理解のための前提

歴史がなければ、民族の時間的存在は切れ切れのものとなり、行先のわからない盲目的なものとなり、多種多様な形態をとった恣意《しい》の遊戯《ゆうぎ》の繰り返しにすぎないものとなる。

（ヘーゲル『歴史哲学』）

一　世界史の発展史観

歴史をいかにとらえるか、すなわち歴史観こそは歴史記述の神髄をなす。自然科学でも、ある先入観をもって研究するのでなければ、すぐれた業績を挙げることは困難である。ケプラーが惑星運動の法則を発見できたのは、あらかじめ楕円《だえん》の性質を理解していたからである。歴史家も、歴史観が正しくなければ、歴史を正しくとらえることはできない。私が歴史研究にあたって依拠したのは、ヘーゲルが提唱し、中江丑吉《なかえうしきち》と滝村隆一《たきむらりゅういち》が発展させた「世界史の発展史観」である。

人間の精神は次第に発展する。個人における精神発達は誰もが経験するところであるが、歴史を大きく眺めれば、民族全体としての気風・風俗、いわば民族精神[1]もまた発展する。

福沢諭吉《ふくざわゆきち》は、『文明論之概略《ぶんめいろんのがいりゃく》』で、文明の発達過程を「野蛮」「半開」「文明」の三つに区分している。動物に近い原始状態から、農耕が発達し習俗的な規範意識をもって協業を行なう半開状態となり、機械工業を営み成文法に基づいて個人が自由に活動する文明状態になるという時代の流れは、大雑把ではあるがその通りである。

だが、「半開」から「文明」への進歩は、自動的にスムーズに進行するのではなく、ある危機的な時代を経なくてはならない。

ヘーゲルは、その時代の人間精神の発展を担《にな》っている民族と結びつけて、世界史を、「東洋」「ギリシア」「ローマ」「ゲルマン」の四つに区分している。そして、この区分を個人の精神の発展段階になぞらえて、「東洋」を「幼年期」、「ギリシア」を「青年期」、「ローマ」を「壮年期」、「ゲルマン」を「老年期」にたとえている。福沢の三区分では、原始段階を「野蛮」としているので、「野蛮」を文明の発展段階の区分に勘定していないヘーゲルの区分は、福沢より二つ多いことになる。福沢の言う「半開」がヘーゲルの言う「東洋」であり、福沢の言う「文明」がヘーゲルの言う「ゲルマン」の第三期に該当する。私は、ヘーゲルが区分した「ギリシア」と「ローマ」は非常に重要だと思う[2]。

ヘーゲルを受け継いだマルクスは、草稿段階の『経済学批判要綱』の一部である『資本制生産に先行する諸形態』のなかで、所有形態の区分として、「アジア的」「ギリシア・ローマ的（古典古代的）」「ゲルマン的（中世的）」「資本制的」の四つを区別した。明らかなように、ヘーゲルは人間精神の発展段階の区分としてこれらの用語を用いており、マルクスはこれに改変を加えて所有形態の区分に転用したのである。

マルクスが所有形態からギリシアとローマを一緒くたにしたのを、滝村隆一も受け継いで、国家の発展段階の区分に、そのまま「古代」を用いているが、所有形態としては、ギリシアもローマも奴隷制で共通しているが、精神発展段階としては区別すべきである。

滝村は国家を狭義の国家と広義の国家に区分している。狭義の国家とは、国家権力ないし国家機関のことであり、広義の国家とは、国民、国土を含めてイデオロギー的な支配の及ぶ範囲のことである。国家機関を法的形式上近代的装いのもとに構築することはできても、イデオロギー上の、言い換えれば共同幻想としての「祖国」がどのような国家になるかには、その国家を構成する国民の人間精神が総体としてどの程度発展しているかが大きく影響する。滝村が近代日本の天皇制を「近代的形態で復古されたアジア的デスポティズム」(注)と規定したのも、その点を踏まえてのことであろう。

滝村自身、その著『国家の本質と起源』において、ギリシアからローマへの国家の発展の経過について、実証史学の成果を踏まえて見事にあとづけている。それなのに国家の発展段階の区分として「ギリシア」と「ローマ」を一緒くたに「古代」としてしまったのは、マルクスの所有形態に関する区分に引きずられてしまったためであろう。

ヘーゲルは、「ゲルマン」についても、粗暴さと無邪気さがむき出しになっているカール大帝までの第一期、教会と国家が対立する封建時代の第二期、宗教改革以後の第三期の、三期に区分している。つまり、人間精神は、「アジア的」な、父親の言う通りにする子供のような家父長制的段階から、「ギリシア的」な、ソフィストが活躍するような個人の気まま勝手の段階を経て、「ローマ的」な、個人の内心の自由を抑えて個人が国家のために犠牲を耐え忍ぶ段階となる。ゲルマン民族もまた、これらの時期を経過するのであり、「ゲルマン」の第一期とは部族国家と「ギリシア的」国家の混交した段階であり、第二期は「ギリシア的」と「ローマ的」の混交した段階である。つまり、ゲルマン民族は、部族国家の段階でローマに接触したことにより「アジア的」段階を経過することなく、「ギリシア的」段階と「ローマ的」段階の混交たる「中世的」段階に到達したのである。マルクスの言う「中世」は、所有形態としては封建制で、奴隷制の「古代」とは区別されるが、精神発展段階としては、世界史の発展を担うようなレベルではない。「ゲルマン」の第三期にいたって、個人の内心の自由が国家の目的と一致する時代が到来するのであり、これが近代にほかならない。

キリスト教は情念の暴状を抑えるという要求をいだいて現われたのだが、粗野な人間が心に良心を宿すと、良心と情念の激しい葛藤はかえって情念を狂暴にまで走らせてしまう。古代ローマ貴族の私生活における放恣《ほうし》などおよびもつかない中世諸王朝の過酷と残虐はその表われである。内面と外面の相克は、教会と世俗権力の分離という形でいったん鎮静化する。しかし、対立物は相互に浸透する。教会は世俗的に堕落し、俗人の自意識は目覚める。宗教改革によって、従来の国家的宗教と異なる個人的宗教が生じたとき、カトリック的「善」と、プロテスタント的「善」がぶつかりあう激しい争闘が起こった。

　中世においては、人々の理論的信念や実践的道徳は、カトリック教によって統御されていた。何が真理であり何が善であるかということは、個人的思索によってではなく、宗教会議の集団的英知によって決定されなくてはならなかった。このような体制の崩壊のきっかけは、全教会会議も過ちを犯し得ると主張したプロテスタント主義の登場であった。プロテスタント主義においては、何が真理であるかを決定することは、もはや社会的な事業ではなく、個人の仕事であった。さまざまな個人はさまざまに異なる結論に到達したために、神学上の争いはもはや司教たちの集会によってではなく、戦場において決せられなくてはならないことになった。しかし、いずれの側も相手を絶滅し得なかったために、知的ならびに倫理的個人主義と秩序ある社会生活とを宥和《ゆうわ》させる方法を、どうしても見出さなければならなくなったのである。西洋では、果てしない宗教戦争の結果、誰もが戦争にうんざりしてしまって宗教的寛容の精神が成長し、隣人が異なる信仰をしていても問題視しない境地に到達した。

　プロテスタント主義は、古代の芸術の復興を目指したルネッサンスに端を発している。創造的な個人が活躍できる古代ギリシアの復興を目指す運動は、古代ギリシアが陥ったような争闘に行き着いたわけである。そして、社会秩序の維持のために法による支配を受け入れるようになったのは、古代ローマの知恵を取り入れたと言えようが、古代ローマと近代の違いは、古代ローマが国家のために個人の自由を犠牲としたのに対し、近代は国家の目的が個人の自由となったところである。

ヘーゲル風に言えば、先の戦争は、日本の民族精神が「アジア的」段階から、「ギリシア的」段階に進もうとしたところで、つまり個人で言えば、「反抗期」に到達したところで既成秩序破壊に走って破滅した過程と見ることができるのである。

（1）「数多くの事柄が人間を支配している。風土、宗教、法律、統治の格律、過去の事物の例、習俗、生活様式。こうしたものから、その結果である一般精神が形成されるのである」（モンテスキュー『法の精神』）

（2）ヘーゲル『歴史哲学』および『法哲学要綱』第三五三～三六〇節を参照のこと。

（注）デスポティズム（despotism）：専制政治、独裁政治のこと。また、デスポット（despot）とは、専制君主、独裁者のこと。

二　イデオロギー的支配

社会で暮らす諸個人は、個人的な独自の意思を、外部的な規範に服従させて暮らしている。それはなぜなのだろうか？

表面的に考えれば、それは、そうしたほうが暮らしやすいからである。小学生も、朝起きて、もっとテレビを見ていたくとも、決められた時間に登校しなくてはならない。そうしないと母親に叱られたり、友達に引け目を感じたり、とにかく暮らしにくいのである。

個人が自分の意思を服従させる外部的規範には、さまざまなレベルのさまざまな種類がある。

個人的に禁酒しようと決心して守ろうとするのは、個人的な規範である。

言語における文法も一種の規範である。ある民族の伝統文化もそうである。これらは自然発生的に成長したものではあるが、意識的に学ぶこともできる。言語については、外国語を学ぶときは、特に意識的に学ぶ必要があるが、次第に意識しなくとも使いこなせるほどに訓練することを目指す。母国語は、はじめは無意識的に学習するとしても、高度な言語表現や、単語のしっかりした意味を習得するには、意識的に学習しなくてはならない。茶道の作法なども、はじめは意識して習うとしても、次第にほとんど無意識的に作法にかなった立ち居振る舞いができるようになることを目指す。あるいは、茶道の家元に生まれた子供などは、小さいころから無意識的に作法をしつけられたとしても、成長してから意識的に学ばなければ、家元として、内面的な「茶の心」を、弟子に教えるまでのレベルには達しない。

人間は、社会的組織を形成して、協働することによって生活を営む。それは、動物を狩るときもそうであるし、田植えや稲刈りでもそうであり、帆船で航海するときもそうである。自分勝手な行動は、しばしばその属する組織全体を危機に陥らせる。だから規範に従う必要があるのであり、航海中は乗船客も船長の命令に服従しなくてはならない[1]。

国家における規範は法律の形式をとるが、法律にも法律全体の基本となる憲法から、刑法、商法、民法等々、さまざまである。法律に違反した場合は、処罰を受けることになり、法律を守ることは全国民が強制される。

だが、法律による強制ではなくとも、「支配者」あるいは「指導者」に服従することはごく一般的な現象である。むしろ一般国民では、法律の細かい規定を詳しく知っている人のほうが少ないだろう。それでも、ごく普通に、ほとんど無意識的に、誰もが道路では歩道を歩き、駅では駅員の指示に従い、病気のときには医師の指示に従う。

こうした、ほとんど無意識的な、深層心理における「こうしてはいけない」とか「こうするべきだ」とかの、強制によらない「自発的」な服従の心理を形成するのに、イデオロギーが非常に大きな力を発揮する。

イデオロギーとは、吉本隆明《よしもとたかあき》の言う「共同幻想」のことである。人間の認識は、一種の幻想としてしか成立しない。何かを知覚したとして、それが認識されるときには、それは一種の幻想になっている。暗闇の中で白いものを見たとき、それが実際には枯れススキであったとしても、幽霊に見えるときもある。枯れススキだと認識したとしても、暗がりの中では正確に認識できるものではないし、自分の頭のなかにある「枯れススキ」のイメージに合わせた認識をしているものである。

個人の頭脳の実力は、その個人の教育・訓練・経験・見聞などを通じて養われる。個別の人生を通じて形成された個人の頭脳の出来具合によって、同じ自動車を見ても、単なる自動車としか認識できないか、○○社製の何という車種の何年式で、タイヤは……というふうに、一目で正確に細かく認識できるかどうかが決まる。

そして、認識が一種の幻想でしかありえない以上、現実と認識の間にはある程度のズレがあるのは避けられないが、現実と認識が許容範囲を超えて乖離していると、さまざまな不都合が起きる。病気はたいがいの場合自然治癒するもので、多くの病気はヤブ医者にかかってもよくなるが、名医にかからないといけないような病気のときは、医者が実際はヤブ医者なのに、患者が名医だと思い込んで通い続けても病気はよくならないし、逆に、実際は名医なのに、患者がヤブ医者だと思い込んで通院を中断しても、病気はよくならない。

結婚相手を、結婚前に「こんな性格の女性だろう」と思っていたのと、実際の性格が違ったということはよくある話である。

自分自身についてだってそうである。自分では若いつもりでいたのに、老眼になって驚いたりする。タイガー・ウッズのゴルフスイングのビデオを見て、自分もタイガー・ウッズになったつもりになっても、現実の自分はミスショットの連続ということもある。

自分自身についての幻想を「自己幻想」と言い、自己幻想が、現実の自分より少しいいぐらいなら、現実の自分をもっとよくしようという努力につながる。だが、自己幻想と現実の自分があまりに違うと、自己嫌悪に陥ることになり、ゴルフであれば、ゴルフなんかやめてしまおうと思ったり、もっと深刻な自己嫌悪になると、自殺してしまったりする。

相手はこういう人ではないか、というイメージは「対幻想」と言い、たいがいの人は、相手が、自分に対して、実際よりもいい「対幻想」を抱いてくれるよう努力するものである。

国家とか、法律とか、いわゆるイデオロギーに属する幻想は「共同幻想」と言う。テレビで、商品にいいブランド・イメージを植えつけようと宣伝するのは、一般の人に、いい共同幻想を植え付けようと努力しているのである。しかし、ブランド・イメージを傷つけるような不祥事が明るみに出ると、幻想と実際が違っていたことが明らかになるわけである[2]。

ある精神病患者が、自分をナポレオンだとみなしても、実際には彼はナポレオンではない。本当のナポレオンは、確かにナポレオンではあるが、彼が何の変哲もない小男ではなく、フランス皇帝とみなされるのは、そこに実際の国民全体としての、共同幻想が成立しているからである。

個人の妄想と、ある人間集団の共同幻想とは、個人的妄想が無力であるのに対し、集団的共同幻想は現実的威力を発揮する点で大きく異なる。麻原彰晃《あさはらしょうこう》を救世主とみなす妄想も、一個人の妄想であれば、精神科的治療の対象でしかないが、相当数の教団となれば、大規模な刑事事件を引き起こすことが可能になる。

天皇は神様だとか、日本は神国だとかいうような幻想も、日本国民全体の狂信となると、大戦争を引き起こして、竹やりでB29に立ち向かうようなことも、大まじめでやるようになってしまう。そして、この共同幻想からまぬがれている、現代から考えるとまともな個人は、非国民として生命の危険にさらされることになる。

企業や、政府や政党ばかりでなく、学術・文化にかかわる諸組織や宗教組織も、特定の思想・イデオロギーの流布と宣伝を目指しており、どのイデオロギーが主流となるかは、一国の政治に大きな影響を及ぼすのである。

（1）「航海の安全が彼ら（船員）すべての者の仕事であるから。というのはこのことをそれぞれの船員は望んでいるのだから。したがって同様に、たとい国民は同様なものではないけれども、共同体の安全が彼らの仕事である」（アリストテレス『政治学』）

（2）吉本隆明『共同幻想論』

三　天皇制イデオロギー

戦前の日本は、天皇制イデオロギーが支配していた。まず小学校で全国民が教育勅語並びに神話を歴史的事実として教える国史を教わる。天皇は高天原《たかまがはら》から天下《あまくだ》ってきた神の子孫であり、現人神《あらひとがみ》にほかならないとされ、神として礼拝《れいはい》された。これはほとんど天皇教と言うべき宗教そのものであった。この信仰は、公教育で子供のときからたたき込まれ、学校行事など、ことあるごとに「君が代」を斉唱し、日の丸や宮城《きゅうじょう》に向かって儀式的礼拝が強制された。信教の自由とは、単に内心における信仰が自由だというだけでなく、一般に、いかなる性格のものであろうと、特定の場所あるいは団体機関にしばしば足を運ぶよう強制されたり、儀式への出席を強制されたりしないことを意味する。日本の場合、明治憲法に信教の自由は謳《うた》われていたが、実際上、国教としての天皇教を強制されていた。

　辛亥《しんがい》革命で中国でも帝政が廃止され、昭和時代の世界の国々の間では、君主あるいは国家元首を神様そのもの、あるいは神様（天帝）の子＝天子と教えるような国は残っていなかったから、確かに昭和時代には、この体制を「万邦無比《ばんぽうむひ》」と言っても間違いとは言えなかったろうが、中国の歴史を研究してみれば、これは中国歴代王朝と極めて似通った体制であり、典型的な「アジア的」国家そのものである。

　近代日本の天皇制をどのように規定するかについては、近代日本史における論争の的であるが、滝村隆一による「近代的形態で復古されたアジア的デスポティズム」という規定が最も正鵠《せいこく》を射ていると思われる。

　滝村著『アジア的国家と革命』から引用しよう。

「帝国憲法体制の成立において完成された近代天皇制国家は、外見的にはプロシャ流の立憲的専制君主制とも酷似《こくじ》しているが、政治形態としては近代的形態で復古されたアジア的デスポティズム、つまりは近代的デスポティズムとして把握さるべきである。まず、天皇制国家の思想的イデオロギー的基柱は、神道と儒教の独自の思想的融合により、親への孝《こう》の道徳的必要になぞらえて、日本民族の最高神格たる天照大神《あまてらすおおみかみ》の直系子孫たる天皇への国民の忠の道義的必然を説いた天皇教イデオロギーとして構成された。したがってそれは、政治的・国家的観念と宗教的・道徳的観念とを未分化に混交《こんこう》させた〈アジア的国教〉としての本質的性格をもった。すなわちそれは、たんに天皇制国家の制度的構成に関わる政治的根本理念ないし制度イデオロギーとして具体化されるばかりか、理想的には国民一般により国民道徳ないし国民宗教という形態で把持《はじ》さるべき国家道徳ないし国家宗教として、他の一切とくにそれと抵触・敵対する政治的・宗教的思想イデオロギーを禁圧しながら、排他独占的に君臨する性格を本来的にもっていたのである」（傍点は原著者による）

　天皇制イデオロギーとは、中国の歴代王朝のイデオロギーたる儒教こそがその支柱であり、その基盤は家父長制にほかならない。中国で孫文を「国父」と呼んで神格化するのも、家父長制イデオロギーに基づいている。最近では北朝鮮の「異常」な政治体制が日本でも報道されるが、これも現代でこそ「異常」だが、歴史を巨視的に見れば「アジア的」デスポティズムの典型と言うべきであり、国家元首の神格化という点では、戦前の日本のほうが「神格」どころか「現人神」すなわち「神」そのものだったのだから、北朝鮮を上回って、まさしく「万邦無比」と言えるほどに「異常」だったのである。「アジア的」社会では、国家は、家族関係に基礎をおき、家父長制に基づく統治の形態をとる。ここでは個人の自由も、したがって自由に伴う責任の自覚もない。秩序の維持は家長による訓戒、罰、あるいはしつけによって行なわれる。ここでは、いくつもの王朝が交代したとしても、各村落のレベルでは、磐石《ばんじやく》の家族制的生産が営まれ続け、精神的にはいかなる発展も生じない。

　ギリシアにいたって、精神は個性の出現を迎え、世界史における第二の段階である「ギリシア的」段階にはいる。

ギリシアの民族精神の形成において重要な契機は、一般に異分子の割拠、他人同士が雑居しているという契機である。他人同士という関係の契機とその克服ということによって、うるわしく自由なギリシア精神が生まれたのである。自由な生活は、血縁と友情との埒内《らちない》を一歩も出ないような種族の、単純な発展から生じるものではない。血縁と家族制度の力が強い地域では自立的な精神は育たない。そういう地域では神話や先祖伝来の伝統に反することは厳しく制限される。隣の島に行けば別の法律と別の習俗の支配するようなギリシアだからこそ、自由な精神が発達したのである。ギリシアの諸都市やオリエントを放浪し遍歴する中で自分自身を見つめなおす契機が生まれる。精神は自分自身の中に持つ他人関係によって初めて、それが自立的精神として存在し得るための力を獲得するのである[1]。

家父長制イデオロギーによる統治をよく説明し、天皇制イデオロギーを理解する基本となるものとして、儒教の経典の「四書」の一つ『大学』の冒頭の、「修身《しゅうしん》、斉家《せいか》、治国《ちこく》、平天下《へいてんか》」が挙げられるだろう。修身―自分自身の修養ができると、斉家―家庭がきちんと整う、家庭が整えば、治国―国家が立派に治まる、国家が立派に治まれば、平天下つまりこの世が平和になる、という意味である。

修養を積んだ立派なお父さんが各家庭にいれば、各家庭がうまく行く。各家庭がうまく行けば、国もきちんと治まる。各国がきちんと治まっていれば、世界も平和になるというのである。

だから、政界、官界、財界、学界、個々の企業、組合から、各家庭まで、いたるところに「小天皇」ができることになる。各組織の人間関係は基本的に「親子（親分―子分）」の関係になる。戦後の日本でも、教育勅語の暗記は中止しても、さまざまな分野のさまざまのレベルの組織で、「小天皇」の態度をとる人は絶えない。

俗流マルクス主義者によれば、イデオロギーは経済的土台に基づくとされるが、それは根本的にはそうであっても、単純な反映の関係にはない。建築でも、同じ土台の上に和風の上部構造を建築することも洋風の上部構造を建築することも可能である。マルクスが経済的構造を土台にたとえて、「法律的な、政治的な、宗教的な、芸術的または哲学的な諸形態簡単にいえばイデオロギー諸形態」を上部構造にたとえたのは、土台に対して上部構造の自由度が大きいことを強調するために用いたはずである。単純に経済的土台がイデオロギーを規定するなら、資本主義的生産が一般的になった時点で、直ちに近代的イデオロギーに国民の思想は切り替わることになる。実際は、イデオロギーは、経済的土台に対して非常に大きな相対的自由度がある。資本制生産がどれほど発展しようと、教育勅語や『大学』の暗記を中止しようと、天皇制イデオロギーは、これをしっかりとイデオロギー的に「止揚」するのでなければ、いつまでも残り続けるのである。

（1）ヘーゲル『歴史哲学』を参照のこと。

第二章

国体明徴運動

その日には、多くの者がわたしに向かって「主よ、主よ、わたしたちはあなたの名によって預言《よげん》したではありませんか。また、あなたの名によって悪霊を追い出し、あなたの名によって多くの力あるわざを行ったではありませんか」と言うであろう。そのとき、わたしは彼らにはっきりこう言おう、「あなたがたを全く知らない。不法を働くものどもよ、行ってしまえ」

(『新約聖書』マタイによる福音書第七章二十二節)

一　綱紀紊乱

二・二六事件は昭和前期の大事件である。「にいにいろくじけん」と読む。「に」を伸ばし、「てん」は発音しない。事件は昭和十一年に起こったのだが、私は昭和九年の年頭に宮中で起きた出来事から叙述を始めたいと思う。

一九三四（昭和九）年一月三日、侍従は丹頂鶴《たんちょうづる》の雌雄一対を昭和天皇に奉呈《ほうてい》した。朝鮮で農場を経営している予備役陸軍少将・佐治喜一《さじきいち》が、前年末に生まれた皇太子（現上皇）の誕生を祝うために狩猟して献上したものだという。

天皇は鶴の死骸を見て顔色を変えた。瑞鳥《ずいちょう》と考えられている鶴を殺すのが、どうして祝意の表明になるのか。生物学者である天皇の、生物に対する愛着は、さまざまな報道を通じて国民にも知られているはずである。ほとんど嫌がらせと受け取られても仕方のない献上品ではあった。だが、天皇が特に不快をあからさまにしたのは、自分の「趣味」のゆえばかりではない。鶴は保護鳥に指定され、法的に狩猟が禁じられている。法を重んずる天皇が、特に不快感をあからさまにしたゆえんである。

「可哀想《かわいそう》なことをした。なぜかかる保護鳥を射殺せしか。自分は食せぬから。しかるべく処分せよ」

天皇は声を高めて侍従に不快感を表明した。

一年の計は元旦にありという。年始における心無い祝意は、生命と法を軽視する世相の激化を予告するかのように思われて、天皇の心を陰鬱《いんうつ》にしたのだった。

なぜ、天皇がひたすらに「国憲を重んじ国法に遵《したが》」おう（「教育勅語」）としているのに、国民は、違法なことをしてでも、自分の心のなかの天皇を喜ばせようとするのか？　ここに「アジア的」イデオロギーと「近代的」イデオロギーの相克《そうこく》が現われている。

現実の天皇は、国民の共同幻想の天皇とは大きく乖離《かいり》していた。幻想と現実の乖離は、よくある話である。幻想と現実の違いを自分で確かめることができれば、現実を認識できるのだが、天皇とじっくりつきあうことのできる人間は極めて限られている。国民は「アジア的」で、天皇も自分と同じようにルールよりも自分の欲望や感情を満足させるほうを優先するだろうと考えていたのに、天皇は「近代的」で、ルールを守る義務と責任をわきまえていたわけである。

法律は、社会がうまく動くようにと考えて制定されている。車が、道のどちら側を走るかということも、右でも左でもいいようなものだが、どちらかにあらかじめ決めておいて、決めたならば全員が守らなくては事故のもとになる。車は左側通行と決まっているのに、一人だけ逆走したのでは大事故を誘発することになる。だから、個人的に右側を走りたくとも、法に従って左側通行を守らなくてはならない。人間は、公正な法に従うことで自由になるのであり、法を無視して高速道路を逆走するようなことをすれば、かえって目的地にスムーズに行き着くことはできないのである。

ところが、「アジア的」社会では、「アジア的」デスポットに服従することが心理的規範の根底をなす。そして、社会のあちこちに小デスポットとしてふるまう人間がいて、法を無視して自分だけうまい汁を吸う人間が目立ってくると、「正直者がバカを見る」という感が強まり、誰もが、自分も「正直」

に国法に遵《したが》って生きるより、うまい汁を吸いたいと願うようになる。つまり、ギボンが衰亡《すいぼう》する古代ローマに見出したように、「国政の紊乱《びんらん》に私的な利得を見いだし、それゆえに法の仮借《かしゃく》なき公正さよりも専制君主の寵愛を好む、卑屈な群集」が跋扈《ばっこ》するようになるのである。（1）

カントの倫理学では、有名な定言命法が出てくる。

「汝《なんじ》の意思の格率《かくりつ》が常に同時に普遍的立法の原理として妥当しうるごとく行為せよ」

というのである。つまり、カントに言わせれば、自分だけが法の例外になりたいというのが不道徳ということなのだが、この脱法願望意識が蔓延《まんえん》すれば、まったくの無法状態を生み出す。〝挙国一致〟が叫ばれる時代は、国家機関の不一致が明白になった時代でもあった。

国法が軽んじられるのに比例して、「親分」の機嫌を取り持つことが、きわめて重要な処世術になってくる。そうなると、ヤクザの縄張り争いにも似て、各社会組織、国家機関が、てんでんばらばらに自分の勢力範囲の拡張に走り、国家の調和ある発展は不可能になる。

ギボンは、古代ローマで、元来は競争馬車競技の競技者を区別するための旗の色だったものが、次第にそれぞれの競技者のひいきの観衆同士で、競技場内で騒動が起こるようになって、政治的な対立と結びつくようになり、それが利害関係や宗教的理由と結びついたときに頑固な分裂抗争が起きたことを『ローマ帝国衰亡史』に書き記している。ビザンツ帝国史上有名な「ニカの反乱」（注）はかくして引き起こされた。所属する党派が、ただのひいきチームの区別だろうが、民族の区別だろうが、宗教上の宗派の区別だろうが、他の党派との対立抗争が激化して狂信のレベルに達し、法律が沈黙し、むやみやたらに殺人や放火や略奪強姦《りゃくだつごうかん》が行なわれるようになれば、自分の身を守るためだけでも自覚に団結して敵党と戦わざるを得ない。どの組織・党派に所属していようと、国法に従うかぎり国家の保護を得ることができ、逆に国法に反すれば目こぼしされることなく処罰されるというのでなければ社会の平和は得られないのである。

　昭和九年の前年にあたる昭和八年は、いくつものスキャンダルや陰惨な事件がジャーナリズムをにぎわした年であった。若者たちは時代に行き詰まりを感じ、性急な改革を求める者は右翼テロと左翼地下活動に向かい、時代に絶望した者は刹那的で退廃的な享楽にふけった。さらに、現世の苦悩に倦《う》み疲れ、何らの希望も見いだせない者は、苦悩からの歓迎すべき解放として、自分自身をこの世から消滅させる自殺を選ぶようになった。

　国民の規範意識が緩み、犯罪やスキャンダルが相次ぐと、さすがに「綱紀粛正《こうきしゅくせい》」が必要であることは、多くの国民の目に明らかになってくる。国民の「自意識」が芽生えてきている以上、国民の自由を上から押さえつけるのではなく、国民の自覚に基づいて、法の権威を取り戻すよう努力するべきところである。だが、すでに共産党に対する弾圧を繰り返し、思想統制の道を突っ走っていた日本は、「お上」の言うことに何も考えずに従うよう、ひたすらに統制を強める方向に動く。そしてこの動きは、各組織の縄張り争いを激化させつつ、自分たちだけが統制の枠外《わくがい》に出ようとする動きを加速する。そして、他者への統制を強めるためにも、また、自分たちだけは何をしても許されるという権威付けのためにも、「陛下」の威光《いこう》を高めるために、いっそうファナティックな「天皇教」に向かうのである。

（1）「専制国家においては、権力はそれを託された人の手に全部移る。（略）

この政体においては権力は平衡《へいこう》を保《たも》つことができない。最小の役職者の権力も、専制君主のそれもともにそうである。制限国家においては、法律はどこでも賢明であり、どこでも知られている。したがって、最小の役職者でも法律に従うことができる。しかし、法律が君公の意思にほかならない専制政治においては、君公が賢明であっても、役職者は自分の知らない意思にいかにして従うことができよう。彼は彼自身の意思に従わざるを得ない」（モンテスキュー『法の精神』）

（注）ニカの反乱：五三二年にビザンツ帝国のユスチニアヌス一世に対して民衆が「ニカ（勝利）」という言葉を口々に叫びながら起こした反乱。

二　陸パン問題

「国防の本義とその強化の提唱」と題するパンフレット、いわゆる「陸軍パンフレット」（略称：陸パン）が発行されたのは、昭和九年の十月である。

これは、陸軍省新聞班の名義で発行されたが、執筆者は池田《いけだ》純久《すみひさ》少佐であり、それに清水《しみず》盛明《もりあき》少佐が手を入れたものであることが判明しており、全文が『現代史資料（5）』に収められている。海軍軍縮条約が失効する一九三五〜三六年の危機を公然と提唱し、戦争の危機感を国民に訴えつつ、統制経済、公益優先主義を訴え、〝国家改造〟を提案するもので、明らかに軍人には禁じられている「政治運動」であった。

元老・西園寺公望《さいおんじきんもち》公爵の秘書である原田熊雄《はらだくまお》男爵の女婿・勝田龍夫《しょうだたつお》は、『重臣たちの昭和史』に、池田純久の著書から引用して、このパンフレットの狙いについて「（このころ）軍中央部と青年将校の間はしっくりしなくなって、はっきりと深い溝ができてしまった。そこで軍中央部としては、一方においては、青年将校の政治策動を封殺せねばならないし、他方において、軍独自の革新計画を確立しなければならなくなった」ということを挙げている。

パンフレット発行の一年半後に二・二六事件を起こした磯部浅一《いそべあさいち》は、北一輝《きたいっき》や西田税《にしだみつぎ》が青年将校を煽動したと言われていることについて、その手記で、「煽動したのは北、西田ではなく三月事件十月事件であります。北、西田は青年将校に思想的指導をしたというのですが、思想的指導はむしろ陸軍省発表の諸パンフレットのほうが大きな役目をしたのです」と述べている。

「三月事件十月事件」とは、昭和六年に企てられた二つのクーデター未遂事件である。不祥事をもみ消そうとする習性は、今日の官庁でもごく普通に認められるところであるが、当時の陸軍もこれを外部にひた隠しにして、反乱未遂という重罪犯を処罰せずに済ましてしまったのである。いくら首脳部が秘密保持に努力しても、十月事件では、相当数の将校も実行部隊として参加していたのだから、ほぼ全国の連隊の将校が知ったり、うすうす感じるのは防ぎようがなかった。何度クーデター計画を企てても、ほとんど処罰らしきものがないことを全国の将校が知ったことは、完全な軍紀の弛緩を招いたのである。

パンフレット発行の狙いは、軍中央部が革新運動に理解を示すことで、青年将校との間にできてしまった深い溝を埋め、青年将校の政治活動を鎮静化するところにあったのだったが、結果的に青年将校を元気づけることになってしまったわけである。陸軍省の名義で〝国家改造〟を提唱するパンフレットを発行している以上、青年将校が〝国家改造〟を実行しても問題ないと考えるのも無理もないところではある。

また、国民全体の規範意識に、国法よりも自分たちが考える「正義」を優先する意識が据えられるうえでは、「忠臣蔵」を初めとする勧善懲悪物語やら、幕末の血なまぐさい暗殺の横行を「正義」として称揚《しょうよう》する維新美談が小さいころから刷り込まれたことが大きく影響したに違いない。「陸軍省の諸パンフレット」も、そうした「アジア的」国民意識にアピールするところがあったから、国民に受け入れられたのだと言うべきだろう。

この陸軍パンフに対して憲法学者の美《み》濃《の》部《べ》達吉《たつきち》博士が、『中央公論』昭和九年十一月号で「陸軍省発表の国防論を読む」を発表して、痛烈な批判をした。

彼は、まず、

「本冊子を読んで、第一に感ぜらるるところは、その全体を通じて、好戦的、軍国主義的な思想の傾向が、著しく現われていることである」

と述べ、冒頭の「たたかいは創造の父、文化の母である」を戦争賛美の句と批判した。

「『創造』や『文化』は、個人の偉大な天才と、自由の研究とによってのみ生まれいずるものであり、それはもっぱら平和の産物で、戦争はかえってむしろこれを破壊するものと、われわれは考えている」

近代の戦争は、第一次大戦を見てもわかるように、戦勝国といえども戦場になった国々は激しい破壊にさらされて、いかなる「創造」も「文化」ももたらさないことは明白である。美濃部博士の主張は至当と言えようが、この時期の日本人にとっては、戦争は得になることだと思われていた。日清・日露の戦役でも国土が戦場となることはなく、国威伸張《こくいしんちょう》を果たすことができたし、第一次大戦は一応日本も参戦したとはいえ、主戦場は遠いヨーロッパであり、大戦景気の記憶は日本人に戦争はもうかるものという共同幻想をもたらしたのである。一晩で数十万戸が焼き尽くされる本土空襲によって、日本人はようやく戦争に関して実物教育を受けたのだった。

美濃部博士はまた、パンフが「国家を無視する国際主義、個人主義、自由主義思想」の「芟除《さんじょ》（刈り除く）」を主張しているのに対し、「驚くべき放言」とし、天皇による「国際連盟脱退の詔書」においてすら国際主義が「帝国不動の国是」として掲げられているというのに、「何という畏《おそ》れ多い失言であろうか。国際主義を放擲《ほうてき》することは、これ世界を敵とすることにほかならぬ。世界を敵としていかにして国家の存立を維持することができようか。それは結局国家の自滅を目指すものである。起草者はこれによって国家主義を鼓吹するつもりであろうが、国際主義を否定するような極端な国家主義は、かえって国家自滅主義、敗北主義に陥るのほかはない。（略）個人主義および自由主義にいたっては、明治維新以来のわが帝国の大国是であって、維新のはじめにおいて、すでに各国人を封建的主従関係から解放し、家禄世襲《かろくせしゅう》の制を廃し、各個人の自由を尊重し、各個人をして自由に自己の職業を選択することを得せしめ、文武の官職もまた各個人をして自己の材能《さいのう》に応じて等しくこれに就くことを得せしめ、憲法の制定にいたっては、これを憲法上の基礎原則のひとつとして、宣言している」と批判した。

さらに「明治維新以来世界の驚異となったわが国の急速なる進歩は、主としてはこの個人主義、自由主義の賜《たま》ものにほかならない。（略）個人的な自由こそ実に創造の父であり、文化の母である」と述べた。

陸軍が満を持して発表したパンフに対して、これほど理路整然と批判されたのでは、相当頭に来ただろう。しかし、軍人は、学者のような「口舌《こうぜつ》」は不得意だが、武力で無理を押し通すことなら得意である。軍部が美濃部博士の天皇機関説を執拗に攻撃した背景には、反軍国主義的イデオローグである美濃部博士に対する「恨み」があっただろうと立花隆《たちばなたかし》は『天皇と東大』の中で推測している。当時、憲法学者で機関説を支持しない者はごく少数派であった。明治憲法起草者の伊藤博文による、憲法解釈の基本文献と言うべき『憲法義解』でも国家法人説に基づき、機関の文字すら用いている。にもかかわらず、美濃部博士のみが槍玉に上げられたのは、そうした面もあったに違いない。

三　天皇機関説

ファナティックな潮流が強まると、すべて「異教徒」の存在は許されなくなってくる。本来、思想の自由とは、自分にとって望ましい、ないし好ましい思想の自由ではなく、自分が憎悪してやまぬ思想の自由を保障するという意味である。自分が憎んでいる思想に自由を認めなければ、社会は中世の魔女狩りや宗教戦争のような悲惨な状態に陥らざるを得ない。ヨーロッパでは悲惨な魔女狩りや宗教戦争を経て近代思想に到達したのに対し、悲惨な体験なしにヨーロッパ近代の成果だけを輸入し、近代思想の根本を国民に浸透させてこなかった日本では、「異教徒」に対する迫害は、容易に歯止めがなくなってしまう。

学問の自由も例外ではありえない。すでに大学内のいわゆる〝赤化学生〟〝赤化教授〟、つまり共産主義的潮流は、昭和三年の三・一五事件などで一掃されていたが、昭和八年の京大滝川幸辰《たきがわゆきとき》教授の辞職事件など、共産主義的潮流以外にも弾圧の波は押し寄せていた。

滝川事件のときにもきっかけとなる質問をした同じ菊池武夫《きくちたけお》男爵が、昭和十年二月十八日、貴族院本会議で、貴族院議員美濃部達吉博士の憲法学説である「天皇機関説」を攻撃する演説をした。美濃部博士の天皇機関説に対しては、すでに数年前から右翼「原理日本社」の蓑田胸喜《みのだむねき》が激しい非難を浴びせており、菊池男爵の質問は蓑田の受け売りと見られた。

菊池男爵は、

「統治の主体が天皇にあらずして国家にありとか民にありとか（略）議会は天皇の命（令）に何も服するものじゃない、こういうような意味に書いてある」

と言い、要するにその種の学説は「ドイツの輸入でござんしょう」と言い、独創性を持たぬ「学者の学問倒れ」だと決めつけ、さらに声を張り上げた。

「私は名づけて学匪《がくひ》と申す（略）統治の主体が（天皇ではなく）国家にあるということを断然公言するような学者、著者というものが、いったい司法上から許さるべきものでございましょうか。これは緩慢《かんまん》なる謀叛《むほん》になり、明らかなる反逆になるのです」

これに怒った美濃部博士は、一週間後の二月二十五日に、貴族院本会議で、「一身上の弁明」と称して約二時間にわたり、菊池男爵に反論を加えた。博士の反論は、その前年から続いている菊池男爵の執拗《しつよう》な攻撃全体に向けられたものであった。

天皇機関説に関する憲法学上の議論は、美濃部博士にとって目新しいものではない。天皇機関説は、国家論における国家法人説に基づいている。国家を一つの法人とみなせば、君主、議会、裁判所などは、国家という法人の「機関」となる。「機関」とは、ドイツ語のオルガン Organ、ラテン語で言えばオルガヌム organum、英語ならオーガン organ の訳語である。ドイツ語のオルガンは、器具とか生物組織の器官とか動力機関とか、要するに、ある目的を達するための、多かれ少なかれ複雑な構造を備えた手段といった意味である。ところが、これを日本語に訳すときに、生物組織のときは「器官」、機関車のときは「機関」と、別な訳語にした。それで国家組織についてのオルガンは、何か新造の訳語にしてもよかったろうが、機械の機関と同じ訳語にした。

国家をうまく運営するには、さまざまの組織を系統立てて働かせなくてはならない。人体であれば、生きていくためには、「組織」も必要であるし、「組織」がまとまった「器官」も必要である。人体には、「消化器官」や「呼吸器官」があるように、国家には「立法機関」や「司法機関」がある。「天皇機関説」とは、天皇もそうした「機関」のひとつであるというだけの話で、すでに学界で広く受け入れられている学説だった。軍人勅諭に、「朕《ちん》は汝等《なんじら》を股肱《ここう》（手足）と頼み汝等は朕を頭首と仰ぎて」とあるが、国家を人体にたとえた場合、天皇を「頭首」とすれば、「頭首」も人体の「器官 Organ」だから、天皇は国家の「機関 Organ」ということになる。

訳語の問題はどうでもいいような話だが、専門的な憲法学説上の議論としては、すでに大正のはじめに東大教授・上杉慎吉《うえすぎしんきち》博士との間で論争が戦わされていた。この論争については、北一輝による天皇機関説を含めて、滝村の『北一輝』に詳しい。要するに、上杉博士の主張としては、国家の主体そのものが天皇だということである。それでは、北の言うように、「日本」が「ロシア」と戦争した日露戦争は、天皇一人が戦争をしたことになってしまい、学問的議論では分が悪い。

北一輝は、万世一系の天皇を国体の精華《せいか》とするは、「迷妄虚偽《めいもうきよぎ》」の妄想と断じて、

「憐れむべき東洋の土人部落よ！　維新革命をもって王政復古ということよりしてすでに野蛮なり。野蛮にあらざるならば、一千三百年後の進化せる歴史を一千三百年前の太古に逆倒《ぎやくとう》して復古することが人力の能う所なりと考えるか」

とまで述べた[1]。

だが、「天皇すなわち国家」という「天皇主権説」を真っ向から否定する、北の「機関説」は、在野の革命思想家として北の名声を高めはしたが、露骨過ぎて、当時の日本では憲法学説の主流にはならなかった。「天皇機関説」の立場に立つ北一輝が、天皇を機関として利用して革命を成し遂げようとするのは首尾一貫しているが、北自身が「機関説」を主張しているのに、「機関説」を攻撃する右翼や青年将校が北に傾倒するのはおかしな話である。「天皇主権説」を奉ずるならば天皇が親任した大臣高官に反抗することは許されないはずである。おそらく、右翼や青年将校は、美濃部博士の著作を通読もせずに批判したのと同様に、北の著作も通読せずに盲信したのであろう。

美濃部学説は、明治憲法を西洋流立憲君主観を借用して説明しようとするもので、独創性という点では、北よりも見劣りのするものであった。北の所説は、学界の外の話として公的には無視され、当

時の日本では、上杉―美濃部論争の結果、美濃部学説のほうが主流となった。美濃部博士は、当時の高級官吏登用試験である文官高等試験の試験委員にもなり、要するに美濃部説が国家公認の学説であったのである。

(1) 北輝次郎『北一輝著作集』――若槻泰雄『日本の戦争責任』より。

四　美濃部博士の弁明

美濃部博士の「弁明」は、憲法学説の通俗講義といったものであった。彼の学説は、日本の、いわゆる「国体」と「近代的立憲制」とを妥協させようとするものであった。

法律学で言う「権利」とは、一個人の利益のために認められた法律上の力を意味する。これに対し、法律学で言う「権能」とは、一個人のためにではなく、ある組織の利益のために認められた法律上の力を意味する。株式会社のような法人であれば、社長といえども、会社の利益のために社員に業務命令を下す「権能」は認められても、自分個人の利益のために会社の不利益になるようなことまでする「権利」は認められない。

「天皇主権説」とは、天皇の統治の大権を法律上の「権利」とみなす説である。つまり、「天皇主権説」をとるならば、統治権は天皇個人の利益のために存在する力だということになる、と博士は説明した。

「そういう見解がはたしてわが尊貴《そんき》なる国体に適するでありましょうか」

日本の歴史では、仁徳天皇の詔勅に「君《くん》は百姓《ひやくせい》（多くの民、人民のこと）をもって本《もと》とす」と明言されているように、天皇は、国家・国民を私有視したことがない。これが日本の国体の精華でもある。統治権を天皇の私権だとみなすなら、租税は国税ではなく天皇の収入となり、国際条約は天皇の契約に過ぎなくなるだろう。それでは国費は天皇の使い放題、国際条約は天皇の代替わりのたびに結びなおさなくてはならないことになる。

菊池男爵は、天皇の大権を「万能無制限の権力」であるかのように言い、自分が議会は天皇の命令に服しないと述べているのはけしからぬというが、

「それは同君がかつて私の著書を通読せられないか、または読んでもこれを理解せられない明白な証拠であります」

だいいち、憲法第四条に「天皇は国の元首にして統治権を総攬《そうらん》しこの憲法の条規によりこれを行なう」と明記している。自分の著書も、憲法の条規に従わないで天皇が議会に命令することはないと言っているだけである。

また、菊地男爵の「貴族院」という場所柄もわきまえない罵言について、

「菊池男爵は（略）、陛下の至高顧問府たる枢密院議長に対しても、極端な悪言を放たれております。それは畏《かしこ》くも陛下のご任命がその人を得ておらないということにほかならないのであります。もし議会の独立性を否定いたしまして、議会は一に勅命にしたがってその権能を行なうものとしまするならば、陛下のご信任あそばされておりまするこれらの重臣に対し、いかにしてかくのごとき非難の言を

吐くことが許され得るでありましょうか」

と、機関説問題の矛先が自分の師にあたる一木喜徳郎《いちききとくろう》枢密院議長にも向けられていることに触れ、天皇に無制限の権力が認められ、議会が天皇に逆らうことを認めないのであれば、菊池男爵が天皇の信任篤い一木議長に暴言を吐くことも許されないはずだと、ちくりと皮肉を入れた。

要するに、「天皇機関説」こそは、日本の国体に適合した所論であり、「極めて平凡な真理」にして「学者の普通に認めているところ」である。

当時貴族院議員で、菊池男爵と議席が近かった松本烝治《まつもとじょうじ》が、宮沢俊義《みやざわとしよし》の『天皇機関説事件』で証言しているところによれば、美濃部博士の諄々《じゅんじゅん》とした説得調の演説により、ついに菊池男爵すら、「そうか、そういうことならあたりまえだ、いい」というような独り言を漏らすほどだったと言う。およそ拍手をしないことを伝統とする貴族院本会議場に、拍手が鳴り響いた。

だが、そういう学者の「高等な」議論は一般国民には「わかりにくかった」。〝現人神《あらひとがみ》〟たる天皇陛下を〝機関車あつかい〟とはなにごとぞという、とんちんかんな誤解に基づく批判のほうが国民の共感を呼んだ。世論が味方についたとなると、元来、「天皇の軍隊」に規制を加えるような立憲主義をふっ飛ばしたくてしかたのない軍部は勢いづく。もともと機関説は政府公認の学説であったから、代議士もほとんどが機関説に賛成であった。軍人あがりの菊池男爵は上杉—美濃部論争も知らなかったろうが、大学を出ているぐらいの代議士たちは誰でも知っていた。宮沢の前掲書で、鳩山一郎が証言しているところによれば、代議士たちは「あんな馬鹿げたことをいまごろ」と笑っていたという。

ところが、強硬な軍部の姿勢を見るといっせいに美濃部非難に転じて、煮えきらぬ政府のしりをたたくようになった。岡田内閣には民政党総裁・町田忠治《まちだちゅうじ》らが入閣していたから、とくに政友会は機関説問題を倒閣運動に利用した。政友会は、倒閣に利用できるなら、政党政治の墓穴を掘るようなことでも熱心に行なった。天皇主権説をとるならば、論の帰結として天皇個人の意思はそのまま国家意思ということになり、帝国議会における議論など不要ということになる。実際、国体明徴《こくたいめいちょう》（徴《しるし》を明らかにすること。明らかに証拠立てること）を進めた結果、議会政治は否定されることになるのだが、三月二十三日には、衆議院で「国体明徴決議」が満場一致で可決された。四月には、元来専門的憲法学者・学生以外は読むはずのない美濃部博士の著書が発売禁止になった。その理由も、およそ憲法を論じる専門書で、「機関説」でないものはほとんどない状況であったから、「機関説」を理由にするとすべて発禁にしなくてはならない。それで理由は「社会の安寧秩序妨害」ということになった。十年以上前から何の問題もなく発行されてきた学術書が、世間が問題視して騒ぎのもとになったから発禁にするというのである。

ただ、その発行元の有斐閣《ゆうひかく》の店主だった江草四郎が、宮沢の前掲書で証言しているところによれば、美濃部博士の著書が発禁になるかもしれないという報道が盛んになるにつれ、著書は飛ぶように売れだした。版元では、世間の騒ぎのもとになっていることでもあり、いっさい宣伝はしなかったにもかかわらず、新聞で連日大報道されるもので、憲法などまったく門外漢だった一般人が購入したため増刷に増刷を重ねても追いつかないほどだった。いざ発禁の処分になったときには、もはや店頭に残る部数は数えるほどで、発禁になった日には、巡査が行くよりも先に古本屋が買い占めて姿を消してしまい、のちには古本で大変な闇値がついたという。

美濃部博士は「不敬罪」で告発も受けたのだが、これも不起訴になった。九月には貴族院議員を辞職したが、これも自分で「機関説」の誤りを認めて辞職したのではなく、「世間をさわがせた責任を取って」の辞職であった。美濃部博士が機関説そのもので公的に責任を問われたことは一度もない。天皇機関説が誤った学説だとして法学界で否認されたことも一度もない。

だが、機関説の憲法学上の意味を理解している人も少なかったし、機関説に関して美濃部博士だけの責任を追及することがそもそも法的には無理なのだということも、責任を追及する人々には「わかりにくかった」。なんだかわからないが、司法当局が「弱腰」で責任追求できないというような理解がひろまり、責任追及はテロによるしかないような風潮が強まった。[1] 一般国民は難しい憲法学説の論議にさっぱり関心を示さなかったが、右翼からすれば、機関説批判は、政府要人に対するテロのような生命の危険をともなう活動ではなく、無力な学者をいじめるだけの、いわば「安全」な活動であったから、気楽に取り組めた。しかも、運動の背後には陸軍がついているのだから、全国的な右翼団体の統一行動として機関説排撃運動が行なわれた。

美濃部博士には、脅迫状が次々に舞い込み、世間全体で「美濃部たたき」が始まった。現代の学校でよく起こる「いじめ」と同じ仕組みである。いじめられている人間を擁護すると、擁護した側にもいじめがまわってくるから、誰も擁護できない。

とうとう、美濃部博士は、昭和十一年二月二十一日に、凶漢に狙撃を受けた。博士が入院中に二・二六事件が起こったのだった。

自分の著書を発禁にされ、新刊本はもとより古本屋で売られているものまで探し出して押収され、

すべての公職から追放され、右翼の襲撃で重傷を負い、一種の社会的生き埋めにあった美濃部博士は、

今の世に焚書坑儒《ふんしょこうじゅ》のふることの
起るへしとは思はさりしを
(昭和の今の時代に学術書が発禁となり学者が追放されるといった中国の秦の始皇帝の時代の焚書坑儒(注)のようなことが起こり、そんな災厄が自分の身に降りかかるとは思いもしなかった)

という短歌を詠んだ。

(1)「贖罪《しょくざい》裁判の観念に基づいてキリスト教の修道士によって構成される宗教裁判所は、すべてのよい国制に反する。(略)この裁判所はすべての政体において耐えがたい。君主政においては、それは密告者と裏切り者しか作りえない。共和政においては、それは不誠実な人々しか育て得ない。専制国家においては、それはその国家と同じく破壊的である。

同じ罪で訴追された二人のうち、否認するものは死刑の判決を受け、自白する者は身体刑を免れるというのは、この裁判所の悪弊《あくへい》の一つである。これは修道院的観念に由来するものであり、そこでは、否認するものは悔い改めておらず、劫罰《ごうばつ》を受けていると思われ、自白する者は悔悛《かいしゅん》しており、救われているとみられる。しかし、このような区別は人間の裁判所とは関係をもちえない。行為だ

けを眼中におく人間の正義は人間と一つの約束、すなわち、罪を犯さない約束しかしていないが、思想を眼中におく神の正義は二つの約束、すなわち、罪を犯さない約束と悔悛の約束とをしているのである」（モンテスキュー『法の精神』）

（注）焚書坑儒：秦の始皇帝が、儒者の政治に対する批判を禁ずるため、儒教の書物を焼き、儒者を穴にうめて殺したこと。

五　イデオロギー対立

世間で機関説が問題視され、国体明徴がやかましく叫ばれる中、きわめて明快、かつ終始一貫して機関説を支持したのはほかならぬ天皇だった。天皇は憲法と国際法と軍事に関しては特に徹底的に専門教育を受けている。天皇は生物学者として有名だが、それはあくまでも〝趣味〟であり、天皇が本職である。つまり統治と政略と軍略のプロであり、〝趣味〟の生物学で〝学者顔負け〟だったとすれば、〝専門〟の憲法学では〝学者以上〟なのだった。

日付は不明だが、新聞で機関説問題を読んで、早くから鈴木《すずき》貫太郎《かんたろう》侍従長に「機関説の問題は将来面倒になるものだ、あたかもルネッサンス当時の思想の対立したときのようなもので、今にやっかいな問題になるな」と語っていた。機関説問題を「ルネッサンス当時の思想の対立したときのようなもの」と見抜いたのは、憲法学の専門家であると同時に、歴史についても並々ならぬ研鑽《けんさん》を積んでいた昭和天皇の鋭い洞察力を示している。

ルネッサンスは近代的個人主義の形成に道を開いたのだが、ルネッサンスから派生したプロテスタントと、カトリックとの思想対立は、やがて血で血を洗う宗教戦争へとつながった。ヨーロッパでは、思想上の違いに寛容になり、個人の自由を認める近代的個人主義を確立するまで、数百年の血みどろの歴史を要したのだった。天皇は、機関説論議は学問上の冷静な議論ではなくイデオロギー対立であり、イデオロギー問題で不寛容になることの危険性を見抜いていたのである。

一般に、小学校ぐらいまでに教わることは、日常の現実に基づいている。算数も普段の買い物に役立つし、国語も日常の読み書きに役立つ。郷土の地理とか、アサガオの成長の観察とかも、自分の実体験と結びつけて理解することができる。

ところが、中学・高校になると、急に日常の実体験から乖離したことを教わるようになる。方程式とか、英語とか、アメリカの地理とか、原子核の構造とか、日常生活上、知っていても何の役にも立たないし、実体験の裏づけのないようなことばかり教わるようになる。中学・高校で、いわゆる〝落ちこぼれ〟が急増する理由のひとつはここにある。だが、〝落ちこぼれ〟ではなく〝優等生〟でも、ここで、理解できないままに暗記で好成績をおさめようと努力するような学習習慣を強める。

すると、そういう受験勉強で鍛えられた人間は、人類の、気の遠くなるような長期にわたる苦闘の末に到達した学問を、豊かな現実の裏づけを持った、人類の認識の最高の精華としてでなく、ひからびた知識の抜け殻として詰め込んで、テストのときに、記憶の中から〝正解〟を引き出す能力ばかりを上達させるようになる。彼らは、受験生用語の〝キモ〟（要点）を暗記することだけに全精力を費やし、各時代の人類の最高頭脳がどのような誤りを犯したかの過程に学んで自ら真理に到達できる頭脳の実力を鍛えようとはしない[1]。無論、受験生にとっての〝正解〟とは、現実の裏づけのない単なる〝言葉〟であり、小学生が「恋愛」という漢字を正しく書けるようになるみたいなもので、自分の頭のなかで勝手なイメージを膨らませたものでしかない。ここで、受験秀才は、自分の頭の中の認識と現実との乖離に無頓着になる習慣を身につけるのである。

機関説論争も、美濃部博士の実際の言説に基づいて議論しているのではなく、各人が「機関」という言葉から受けるイメージに基づいて、機関説＝国賊という〝共同幻想〟を膨らませたもので、まさに現実から乖離したイデオロギーの一人歩きであった。

この時期の代表的知識人である徳富《とくとみ》蘇《そ》峰《ほう》すら、「記者はいまだ美濃部博士の法政に対する著書を読まない、ゆえにここにその所説については語らない（略）記者はいかなる意味においてすらも、天皇機関説の味方ではない（略）日本国民として九十九人までは、おそらく記者と同感であろう」と書いた。つまり、論理的に天皇機関説が正しいかどうかを考えるのではなく、自分の感情のままに判断すると言うのである[2]。実に、日本はこれ以後、何も考えずに感情の赴くままに国策を決定していくようになる。

これに対し、関口《せきぐち》泰《やすし》は「美濃部博士の憲法学説を攻撃する者の九十九人まで、いな百人までが博士の法政に関する著書を読まないらしいことは、その所説の節々から察せられる。そしてあの問題以来の新聞雑誌に発表される論文は、攻撃側のはあるが弁護側のは少しも見当たらない[3]」と慨嘆《がいたん》した。

通常の学問上の議論は、どちらの学説が現実に合致しているかで、決着をつけることが可能だが[4]、こういうイデオロギー対立は、宗教上の信条と同様、なかなか議論がかみ合うことがない。そして、無知な大衆ばかりでなく、理解できなくとも暗記する訓練を重ねた受験秀才も、容易に「非合理ゆえにわれ信ず(注)」の境地に行き着いてしまうのである。

（1）「学校教育は、乏しい知力の人にも、他人の知解から借りてきた規則をふんだんに与えてやり、いわばこれを詰めこむことはできるが、さてこれらの規則を正しく用いる能力となると、これは生徒自身のものでなければならない」（カント『純粋理性批判』）

（2）「雄弁家たち、すなわち主権合議体の寵愛者たちは、きずつける大きな力をもちながら、たすける力はわずかしかもたない。なぜなら、非難するには、弁明する場合よりすくない雄弁しか必要ではない（それが人間の本性というものだ）からであり、有罪とすることは赦免よりも正義に似ているからである」（ホッブズ『リヴァイアサン』）

（3）関口泰『教育国策の諸問題』（岩波書店）一九三五年

（4）「真理とは認識とその対象との一致である」（カント前掲書）

（注）三世紀ごろの教父哲学者テルトゥリアヌスの言葉。

六　時代の逆行

これ以後の日本は、どのような議論に対しても、天皇を持ち出して言論を封じてしまうようになる。憲法も上から与えられた日本人は、自由の価値をまだ知らなかった。日本人が、言論抑圧はその最初の段階で抵抗しなくてはならないことを身にしみて自覚するのは、もはや抵抗不可能になったあとのことだった。

マルクス主義経済学者として知られる石浜知行《いしはまともゆき》は、この時期の有識者の沈黙について、当時、以下のように述べた。

「この問題（機関説問題）が貴族院で政治問題化し始めた当時、宮沢俊義氏が東京朝日の時評の中で機関説擁護の弁をなした。これがこの事件を通じて、学者側からなされた唯一のプロテストであった。坊間《ぼうかん》伝うる所によると、総長或いは文部省が教授に向かって新聞雑誌に意見を発表することを禁じたということである。私はその真偽を知らない。しかし事実とするなら、これは、理不尽な狂的ファッショに対して、できるだけ犠牲をすくなくしようとする対策であったと、好意に解釈できる。そして、その結果は、いままでのところ、美濃部博士の若干の著書の発売禁止だけにとどまったようだ。この点だけからみれば、犠牲は最小限度にとどまったと言えよう。

だが、これを文化史的視点から見ると、それらとは比較にならぬ大犠牲が払われた。その一は、機関説が貴衆両院の決議をもって国体に反するものとみなされ、また『社会の安寧・秩序を紊《みだ》す』ものと認定されたことだ。この政治的・法律的刻印は、美濃部博士の学説に対して押されたのみならず、広く立憲主義、自由主義に対しての強圧を意味する。いうまでもなく機関説は、大正初代における『反立憲的思想』『立憲思想を抑圧するもの』（時事憲法憲法問題批判中の美濃部氏の文字）に対する駁論《ばくろん》であり、官僚・軍閥の封建的反動思想克服の理論であったからだ。現在の機関説の政治的敗退は、文化的に、政治的に、三十年の逆行を意味する」（一九三五年五月六日『帝国大学新聞』）

　これを戦後の著作『天皇機関説事件』で引用している宮沢俊義は、「石浜のこの単刀直入ないい方は、その時代を考えるとき、相当に思い切ったもの」と評している。ここで「唯一のプロテスト」とされた宮沢自身、東京朝日新聞に私見を公表した後、末広厳《すえひろいず》太郎《たろう》法学部長に呼ばれて、「じゅうぶん言動をつつしんだほうがいい」と親切に忠告され、「その後は、いくじなくも、沈黙を守った」と書き記している。

　思想の自由を圧殺することの危険性を自覚していた者も抵抗できなかったのは、明治以後天皇の神聖化を推し進めた結果にほかならない。明治の初めに身分制を廃止し、個人の自由を認めたとき、まさに美濃部博士の言うように自由主義および個人主義はわが国の大国是であった。福沢諭吉が「天は人の上に人をつくらず、人の下に人をつくらず」と高らかに身分意識の打破を宣言した『学問のすゝめ』は、一八七二（明治五）年の発行であるが、一八八〇年までに約七十万部に達するという驚異のベストセラーになった。しかし、個人の自由を認めて、なお国家として強力な統一を成し遂げるには、個人が教養を持ち、国家のための義務を果たす必要性を深く理解するのでなくてはならない。緊迫した国際情勢の下で一刻も早く富国強兵を実現しなくてはならない明治政府にとって、じっくり国民の教養を高める余裕はなかった。

　若槻泰雄の研究によれば、身分制の打破を唱えた福沢は、『尊王論』で、「かの出雲の国造《くにのみやつこ》、阿蘇の大宮司、または本願寺の門跡等のごときは、その家の由来久しく尊きのみならず、国民はあたかもその人を神とし仏として崇《あが》めたる稀有の名家なれば、これを愚民の迷信と言えば迷信ならんけれども、人知不完全なる今の小児社会においては、その神仏視するところのものをば、そのままにして」おくほうが帝室《ていしつ》の利益にもなるし、智者の取るべき手段であろうとも書いている。福沢は、天皇家を国造、大宮司、本願寺の門跡と同様に、単に旧い名家であるという意味でとらえている。そして、こういう旧家を神聖視するのは愚民であると認めている。しかし、現在の日本は愚民社会、小児社会なのだから、これを利用するのが得策というものだと主張しているのである。

福沢は、また、「血気の少年が祭礼や火事場でつまらぬことから喧嘩したとき、『何組の親方にして』とわけいり、『この喧嘩はこっちにもらうなり』と大声一喝の下に」と書いており、福沢は天皇をその辺の親分になぞらえ、政治的対立の調停の役を期待している。

若槻は、ここでも国民を「少年」にたとえている福沢の論理からすれば、国民の教養が高まって愚民が利口な国民になったなら、天皇は不要になるということになると主張している。

若槻の著書『日本の戦争責任』から引用しよう。

「明治憲法制定当時、国民統合の象徴として君主制度を考案したのは決定的間違いとはいえないかもしれない。また、君主制度にともなう〝神々しさ〟、より正確にいえば〝もっともらしさ〟をまとったのも、民度から考えてある程度当然のことであったろう。事実、日本国はこの天皇制の下で急速に産業、武力を充実させ、アジアにおいてほとんど例外的に西欧の植民地化を免れた。その意味において天皇制の採用は成功だったという説も一概に否定できないともいえよう。

しかし、日本がヨーロッパの王政と決定的に異なった点は、君主制にともなう〝もっともらしさ〟

の強調があまりに強過ぎたことと、世界の風潮に追随してきた民主化の波を第一次大戦後圧殺したことである。

君主制の明治憲法制定以来わずか九年余で、短命であったが一応政党内閣（憲政党の第一次大隈内閣――引用者）は誕生し、一九一三年には、天皇の統帥権専横の一翼をになう軍部大臣現役武官制も廃止となり、一九一八（大正七）年には本格的政党内閣も生まれ、大正デモクラシーといわれる時を迎えた。

だが、まもなく、本来は〝手段〟であった天皇制が〝目的〟と化し、国民の教養とともに消滅すべき、すくなくともいちじるしく影を薄めるべきこの制度が、文明の進歩を逆流させたところに、昭和の悲劇の根本的原因があったのだと思われる。

これというのも、西欧諸国と異なり十五、六世紀のルネサンス以来の、宗教改革も啓蒙時代もへておらず、自由と民主主義のために血を流したことのない、日本人の未熟な歴史から来ているのであろう」

美濃部博士による反駁にせよ、非常に歯切れが悪い。機関説は国体に反していないという弁明であって、「天皇機関説を説くことは学問の自由に属するのであって、これに種々の学説があることがなぜ悪いか」といった反論は不可能だった。天皇の神聖性を前提にして議論を進めると、どうしても国体論者に対してたじたじとならざるを得ないのである。かくして、機関説論争で美濃部博士が議員辞職に追い込まれた時点で、日本には論理性をもって政策を批判したり、どちらが論理的に正しいかといった議論は極めて困難となり、ひたすらに天皇を崇敬する〝感情〟のみが暴威《ぼうい》を振るうことになった。

地動説を唱えたガリレオは、中世イタリアで異端審問にかけられた。その理由は、聖書にはそう書いていないとか、教皇の教えに背くから地動説を説くガリレオは罪にあたるというものだった。だが、少なくとも中世の異端審問官たちは本当に大地が動くはずはないと信じていた。ところが、昭和の代議士や知識人たちは、誰も本当に天皇が神様だと信じていたわけでもないのに、天皇信仰に水をさす美濃部博士を異端審問にかけたのである[1]。

(1)「呪術および異端の追求にはきわめて慎重でなければならない。これは重要な格率である。この二つの罪の訴追は、もし立法者がそれを制限することを知らなければ、極端に自由を侵害し、無際限な暴政の源となりうる。なぜなら、この訴追はある公民の行為に直接基づくのではなくて、むしろ彼の性格について人々が抱く観念に基づいてなされるので、人民の無知に比例して危険なものとなるからである。なぜなら、最上の行動も、最も純粋な道徳も、あらゆる義務の実践も、これらの罪の嫌疑に対して保証するものとはならないからである」(モンテスキュー『法の精神』)

七　神格化の必要性

天皇は、〝機関説論議〟が激化の傾向を見せ始めた三月十一日、本庄繁《ほんじょうしげる》武官長に対し、次のように語った。

本庄繁武官長

「自分の位はもちろん別なりとするも、肉体的には武官長等となんら変わるところなきはずなり。したがって機関説を排撃せんがため自分をして動きのとれないものとすることは、精神的にも身体的にも迷惑の次第なり」

キリスト教では、三位一体説論争の次に、キリスト成肉説が、神学上の激しい論争の種になった。キリストが現実の肉体を持った人間であることは確かだから、その神性がいつどのようにしてキリストに宿ったのか、あるいはいつどのようしにて肉体を持たないはずの神性が肉体化したのかは、議論の対象になるのが当然である。その辺の村娘のマリアが懐妊とともに神性をおびたのか？ マリアは終始人間で、キリストだけが胎児の状態でマリアの子宮の中で神の子となったのか？ キリストは一種の霊魂であってその肉体も普通の人間とは異なるのか？ 「聖母の子宮」などという言葉を口にすること自体信仰上許すべからざる大罪とするような騒々しい反対論のなかで、不毛な論争が残忍酷薄《ざんにんこくはく》な殺戮《さつりく》をともなって繰り広げられた。

日本の場合、天皇を現人神だと言いながら、だれもまじめにこの問題を議論しなかった。天皇が人間であることは誰でも知っていながら、それに触れることはタブーであったのである。天皇自身だけがこの問題を真正面から取り上げたのだが、もちろん武官長はこんなデリケートな問題を外部には漏らさなかった。

三月二十九日、陸海両相がともに「天皇機関説」に反対だと、閣議で岡田首相に速やかな善処を要求したことを知ると、また武官長に言った。

「憲法第四条、天皇は国家の元首云々はすなわち機関説なり。これが改正をも要求するとせば、憲法を改正せざるべからざることとなるべし」

さらに、四月六日に教育総監真崎《まさき》甚三郎《じんざぶろう》大将が「かかる謬説《びゅうせつ》（機関説）はわが国体観念上、絶対に相容れざる言説であるから、軍人たるものはかかる言説にあやまられず」と全軍に訓示した記事を読んで、九日に武官長を呼んだ。

天皇は、真崎総監が訓示のなかで、天皇は「国家統治の主体」なりと言っているのを取りあげて反駁《はんばく》した。

「国家統治の主体といえば、すなわち国家を法人と認めてその国家を組成せるある部分ということに帰着す」

天皇が「国家統治の主体」であるなら、「天皇すなわち国家」ではないということになる。自分自身を自分で「統治」するということはありえない。つまり「天皇機関説」と同じことになるではないか、というのである。結局〝機関〟という文字が気に入らぬというだけのことにも思えるが、ならば〝天皇器官説〟というのはどうか。天皇は皮肉たっぷりに語った。

さらに「もし主権は国家にあらずして君主にありとせば、専制政治のそしりを招くに至るべく、また国際的条約、国際債券等の場合には困難なる立場に陥るべし。

露国をして日露北京交渉（芳沢、カラハン会商）において『ポーツマス』条約を認容したるわが日本の論法は国家主権説に基づくものと言うべし」と述べた。

　天皇すなわち国家ということなら、国際条約も国対国の約束事ではなく、君主個人の約束ということになる。それでは、天皇の代替わりの都度、条約も結び直さなくてはならないことになる。一九二五（大正十四）年に芳沢謙吉《よしざわけんきち》駐華公使とカラハン公使との間で調印された日ソ基本条約は、帝政時代に結ばれたポーツマス条約の有効性をソ連に認めさせたものであったが、革命で政府が変わっても国際条約は継続するというのが日本側の主張で、これは国家主権説に基づくのだというのである。

　これが当時の日本人にはなかなか呑み込めないことなのだった。「アジア的」社会では、法が支配するのではなく、デスポットが支配する。古い殿様がどんな法を定めていたところで、殿様が代替わりすれば、新しい殿様の言うとおりにするのが当たり前のことだった。明治になって、新政府ができた以上、国際条約も簡単に更新できると思っていたのが、実際に交渉してみると、西洋では国家間の約束は簡単に変更はできないのだと気づかされて、明治政府は驚いたのである。今日、韓国で大統領の代替わりの都度国際条約の変更を蒸し返すような事態になっているのも、韓国がいまだに「アジア的」社会であることを証明するものである。この時期の日本もまさに「アジア的」であったのだが、天皇は国家主権説を正しく理解し、断固として立憲主義を貫いたわけである。

　天皇陛下に面と向かって反論できないとしても、本庄武官長の「信仰」としては、納得できなかった。

　当時の軍隊では、天皇は現人神として信仰されている。戦死するときは「天皇陛下バンザイ」と叫ぶ。天皇と国家が別物というのでは、軍人は「国家様バンザイ」と唱えて死なねばならない。それではあまりにもサマにならない。アメリカ人は「合衆国バンザイ」でも死ねるかもしれないが、日本人は「天皇陛下バンザイ」でないと死ねない、というのが、武官長のいつわらざる気持ちだった。
　神格化された個人を認めないことは民主主義の基礎である。人間は、年齢も性別も能力も、それぞれ異なる。生まれも育ちも違う人間同士が、それぞれ個人として相手の基本的人権の平等を認めると同時に、各人の能力の違いを認めて、各人が能力を自由に発揮して労働することにより国家も発展するというのが近代国家の基本的なあり方である。ある個人がある能力において一般人よりも隔絶して優れていることはあり得るが、それは人間として優れているのであり、人間として優れているからこそ尊敬に値するのである。ところが、ある個人が自分には近づきがたいような神様で、自分は取るに足りない存在にすぎないと考えるのが「アジア的」イデオロギーの基本であり、個人が主体的に自由な活動をするとなると、今度は「気まま勝手」にまで行きついてしまって協調的な社会生活を営めない状態に陥ってしまう。こういう社会では社会の秩序維持は苛烈な支配形態をとらざるを得ず、国民が愚民である程度に応じて神格化された個人を認めるように強制しなくてはならないことになる。[1]
　天皇にしてみれば、明治憲法は自分の祖父が徹底的に検討し、日本国家の基本法として発布したものである。明治天皇は、「世界に立憲国は多いが、他では憲法は国民に強迫され、国民に奪い取られたものであると聞くが、わが国のみは国民歓呼のうちに、朕が衷心の満足をもって与えたものだ。しかもその憲法は一条一句にいたるまでことごとく朕が欽定《きんてい》したもので、英米に模したものでも、独白（ドイツとベルギー）に倣《なら》ったものでもない」と誇ったと言う。だからこそ孫の自分が絶対に違背してはならないと固く誓って国務にあたってきた。どんなに日本の行く末に害になりそうな決定であっても、責任ある輔弼《ほひつ》機関の決定はすべて嘉納してきたのも、輔弼機関の決定に対し、自分の気に入ったものは嘉納し気に入らないものは拒否するというのでは、日本の立憲制は否定され、天皇は専制君主になってしまうと深く自覚しているからである。

天皇は、本庄武官長に、「軍部が一方で『機関説』を排撃しつつ、しかも朕の意に反する『主権説』をいうは、朕を『機関』あつかいするものにして、矛盾ならずや」と不満の意をあらわにして下問した。

天皇自身が「機関説」を支持しているのに、それを無視して「機関説」排撃を続けるのは、軍部の主張と矛盾するではないかというのである。本庄武官長は、ほとほと困惑した。

そのころ陸軍中堅幕僚の一人だった田中新一は、戦後の回想で、

「本庄大将の日記には〝軍部が朕の意志に従わず天皇機関説を否認しようとしていることは、大きな矛盾ではないか〟というお言葉と〝自分は機関でいっこう差し支えない〟という陛下の言明が記録されているそうだが、当時の陸軍の空気は、現陛下のご意向を奉ずるとともにいっぽう国体永遠の護持のためにとて、こうした永遠の国の計のため諫奏《かんそう》、諫死《かんし》、争臣《そうしん》といった至純の考え方が、その方途を誤って聖慮に副《そ》わぬ結果となったことも事実であった(2)」

と述べている。

諫奏とは、天皇を諫《いさ》める上奏のこと、諫死とは死をもって諫めること、争臣とは君主と言い争ってでもその過ちを諫める臣下のことである。天皇の親裁したことに反対して、軍人や右翼がテロやクーデターに訴えた例は多いが、自殺した例はめったにないから、たぶん、田中の文中の「諫死」は「諫《かん》止《し》」つまり諫めて止めるの書き誤りだったのだろう。

天皇機関説を否定し、天皇主権説をとるなら、天皇がどんな無理難題を言おうと、ご無理ごもっと

もと従わなくてはならないはずである。つまり、どれほど「永遠の国の計」に反することでも天皇の意志には従わねばならないということになる。主権説論者の主張からすれば、国家公務員に天皇に対する口答えが許されるはずもないが、百歩譲って諫めることぐらいまでは認めるとしても、いくら諫めても天皇が頑として機関説を主張するなら、主権説論者は天皇にしたがって機関説に同意しなければならないはずである。天皇自身が機関説を主張しているのに、機関説を排撃するのは、まさに天皇が言うように天皇を機関扱いすることであり、矛盾そのものである。ところが、軍部はこれまでも天皇の意向はすべて無視してきた。軍部の言い分によれば、天皇が軍部の言いなりになれば統帥権が独立していることになり、天皇が軍部の意見に反対すると、「君側の奸」が天皇の判断を誤らせて統帥権を干犯したということになるのである。

　満州事変当時朝鮮軍司令官で、天皇の統帥大権を無視して独断出兵したことで「越境将軍」の異名をとった林銑十郎《はやしせんじゅうろう》は、このころ陸軍大臣になっていたが、天皇機関説問題に関連して、「皇軍は天皇様の命にあらずしては一歩も動くことができないものであるという精神が果たして確立しておりますか」という議会での質問に、「申すまでもなく統帥権は上御一人の御命令に発するものでありまして、それ以外に皇軍が私的に動くということは断じてありませぬ」と、自分のかつての行動とまったく矛盾する答弁をしている。

　天皇機関説を否定する軍部は、これからも聖慮を無視し続け、したがって事実において天皇機関説を実行し続けるのだが、たぶん彼らの言う「至純の考え方」とは、合理性の否定、矛盾を気にせず自分の感情を押し通す考え方という意味なのだろう。

（1）「かかる愚民を支配するには、迚《とて》も道理をもって諭《さと》すべき方便なければ、ただ威をもって畏《おど》すのみ。西洋の諺《ことわざ》に愚民の上に苛《から》き政府ありとはこの事なり。こは政府の苛きにあらず、愚民の自ら招く災《わざわい》なり。愚民の上に苛き政府あれば、良民の上にはよき政府あるの理なり。（略）人民皆学問に志して物事の理を知り文明の風に赴《おもむ》くことあらば、政府の法もなおまた寛仁大度《かんじんたいど》の場合に及ぶべし。法の苛きと寛《ゆる》やかなるとは、ただ人民の徳不徳に由《よ》って自《おの》ずから加減あるのみ」（福沢諭吉『学問のすゝめ』）

（2）文藝春秋「別冊天皇白書」――大谷敬二郎『昭和憲兵史』より

八　憲法学者としての天皇

天皇は、よほど「機関説」論議に不審と不快を感じたと見えて、どこまでも下問を続ける。一般に、宗教的迫害を行なう狂信者は、神は誤った信仰を持つものの行為を嫌うだけでなく、自分たちの宗教で許されない行為をする人間を放置しておくならば、自分たちをも無罪とは見ないであろうという心理になっているものである。ところが、天皇教の場合は、彼らが神と崇《あが》める天皇自身が機関説支持者だったわけである。しかも、天皇は、憲法学については専門の学者以上に専門家だから、天皇の指摘には、素人の武官長など太刀打ちできるものではない。

四月二十三日、帝国在郷軍人会本部は「機関説」を排撃するパンフレット十五万部を作成して全国に配布すると発表した。四月二十七日、天皇はこのパンフレットについて、「全部読み終われり」と語って批評した。

「英、仏その他の憲法を論ぜるも、帝国憲法ご制定の参考となりしドイツ憲法の由来および同国に興りし『ボルン』の天皇主権説、『エレクトリック』の国家主権説等に対する研究なお充分ならざるがごとし」

本庄武官長は代表的な憲法学者の名前も知らなかったらしく、『日記』に出てくるドイツの憲法学者の名前も不正確である。「エレクトリック」は「イェリネック(注)」の聞き誤りと見て間違いないだろう。「ボルン」は、明治憲法を高く評価したというフランスの憲法学者の「ルボン」のことかとも思われるが、「ボルン」はドイツの学者らしいから、その点合致しない。それでも、管見《かんけん》の限り、それ以外に似たような名前の憲法学者は見当たらない。

「イェリネック」を「エレクトリック」と聞き誤るのも噴飯ものであるが、管見の限り、歴史研究者で、この『本庄日記』の誤りを指摘した者はない。大谷敬二郎の『昭和憲兵史』では、これは「エリネック」という記載になっているが、武官長の誤記を改めたという記載があるわけではない。『本庄日記』は、ポケット型当用日記に記載されたものが生原稿であり、ほかに本庄大将自身が抜粋清書したものが残っており、問題の部分はその「至秘鈔《しひしょう》」に書かれている。公刊されている『本庄日記』の普及版には「至秘鈔」の文章のみ出ていて、原本の文章がどうだったかはわからないのだが、大谷が誤記に触れていないところを見ると、日記原本では「エリネック」だったのを清書の段階で「エレクトリック」と誤記していて、大谷は日記原本のほうだけを読んだのかもしれない。

さすがに、憲法学者の宮沢俊義は、こんな名前の憲法学者はいないとわかっていたらしく、「ボルン」と「エレクトリック」の記載には（ママ）のルビをふっている。しかし、著書『天皇機関説事件』が発表された昭和四十五年には、まだ天皇の「お言葉」を修正するようなことは憚《はばか》られたものか、聞き誤りのもとの名前を推測することまではしてない。

いずれにせよ、現代の歴史研究者たちは、歴史ばかり研究して、憲法学のイロハも知らない「歴史専門バカ」ばかりのようで、まことに寒心に堪えないところである。武官長にまで昇進した本庄陸軍大将にしてこのレベルであったとすれば、在郷軍人会が、付け焼刃の勉強で「機関説」を排撃しようとしても、天皇には「研究不十分」と一蹴されてしまうだけである。

天皇はまた、パンフレットが、とかく欧米は利己的個人主義思想に毒されていると強調している点について、では米国で「かの禁酒法が成立し」、あるいは英国において「戦時貴族の多数が国家のために殉ぜしがごとき」は、これを「いかに見るべきか」と下問した。

個人の自由を、個人の勝手気ままを押し通すことと考えると、そんな勝手が許される世の中では、強い者ばかりが勝つことになり、弱い者は強い者の言うなりで生きていくしかない。それでは結局個人の自由は失われる。個人の自由は、他人の権利を侵害しないかぎりで認められるのであり、他人の権利を侵害する行為に対しては、国家権力をもって取り締まらなくては個人の自由は維持できない。個人の自由を維持するために国家が必要なのである。自分のために国家を維持しなくてはいけないことを深く理解したほうが、わけもわからず上官の命令に従って戦争に参加するよりも、真剣に国家の防衛のために戦おうという気持ちになる。だからこそ、第一次大戦で、帝政ドイツが、自由主義的米英に敗れたのである。

本庄武官長が、第一次大戦のドイツの敗因は、英米側のドイツに対する〝国家中傷宣伝〟が大きかったのであり、ゆえに「国体観念をいやがうえにも強固ならしめおく」必要があると反論すると、天皇は即座に反駁した。

「ドイツ崩壊の原因としては、カイゼル（ドイツ皇帝）に対してプロイセン以外各州の心服あらざりしこと、文武両者の一致しあらざりしこと、軍人の意思のみにて動きしこと」のほうが大きい。〝国家中傷宣伝〟など、戦争となればどこの国でもやることである。皇帝に対して全国民の心からの信頼なく、文官と武官が意思一致せず、軍人が独断専行したからドイツは負けたのだと言うのである。まるでこれからの日本の運命を予言するような「お言葉」ではあった。

さらにまた、ロシアが革命に倒れたのは、貴族と下層民のみにて「穏健なる中間の堅実なる階層を有せざりしこと」にあると思われると、天皇はかつて箕作元八《みつくりげんぱち》博士の著書で学んだ西洋史の蘊蓄《うんちく》を傾けて武官長に説示した。

武官長としては、天皇の言葉が、学識と学理に裏打ちされているだけに、ひたすら感服かつ恐懼《きょうく》するだけであった。

だが、天皇は、本庄武官長の〝信仰〟にも配慮している。

「もし思想信念をもって科学を抑圧し去らんとするときは、世界の進歩は遅《おく》るべし。進化論のごときも覆《くつがえ》さざるを得ざるがごときこととなるべし。さりとて思想信念はもとより必要なり。結局思想と科学は平行して進めしむべきものと思う」

憲法学説に関する学術論争に対して思想信念から攻撃を加えるのを許しては学問の進歩はない。いっぽう、学問的に正しいからといって、思想信念を否定しては個人の尊厳も失われる。国民の間の議論を過熱させないよう配慮せよとの含意《がんい》であろう[1]。

(1)「ある国家の法律が多くの宗教を容認しなければならないと考えたときには、その法律はそれらの宗教が相互に寛容であるように義務づけることもまた必要である。(略)これらのさまざまな宗教に対して、法律はそれらが国家に混乱を与えないばかりでなく、それらが相互に混乱を与えないように要求することが有益である。公民は国家という公共体を動揺させないことで満足していたのでは法律に適合していることにはならず、他のいかなる公民にも混乱を与えないということもまた必要とされるのである」(モンテスキュー『法の精神』)

(注)イェリネック:Georg Jellinek(一八五一~一九一一)。近代ドイツの公法学を集大成したドイツの法学者。

第三章　軍閥抗争

かれら（狂乱におちいった人びと）は、これまでの自分たちの生涯にわたってずっと、保護してもらい、侵害から守ってもらった人びとに対して、さわぎたて、たたかい、ほろぼすであろう。

（ホッブズ『リヴァイアサン』）

一　昭和軍閥の端緒

この機関説に関して、真崎教育総監が〝政治的〟発言をしたことが問題とされて教育総監更迭の理由のひとつとなるのだが、その背後には陸軍内部の派閥抗争が存在した。当時の陸軍部内では、「皇《こう》道《どう》派《は》」と「統制《とうせい》派《は》」という派閥呼称が生まれて、たがいに抗争するようになっていたのである。彼らは政党政治が政争に明け暮れして国防を危うくすると言ったが、政党の争いでは死者は出なかったのに対し、軍隊は武器を所持しているだけに、軍閥抗争は国防そっちのけの血で血を洗う凄惨なものとなった。

軍隊内で政治団体を結成することは禁じられていたし、当時の軍内勢力を二つの単純な名称で色分けするのは無理がある。この派閥呼称も正式のものではなく、憲兵隊などで用いられた俗称に過ぎないが、軍内の派閥抗争を述べるのにどうしても派閥の名称は必要なので、本書では俗称にしたがっておく。

政治に染まってはならないはずの陸軍に派閥が生まれたのは、軍縮がきっかけであったと言っていいだろう。官僚機構は放置すれば必ず肥大化する仕組みになっている。「上意下達」の仕組みのなかでは、誰もが自分の「部下」を欲するからである。それは会社組織でも同じことなのだが、会社の場合は「経費」というワクがあり、ワクをはずしてしまうと採算が取れず、会社自体が立ち行かないことになるので絶えず抑制が働くことになる。もちろん、国家も「経費」を度外視することはできないのだが、国家の場合は、税金は非常に「融通のきく」ものであるし、それぞれの官僚機構は、自分なりに「お国」のためにどうしても自分の組織の〝増強〟が必要な理由を見出すことができる。軍隊も官僚機構の一種であるから、常に肥大化への圧力が存在する。

　十五世紀以来のヨーロッパにおける戦争と国家形成との関係を研究したブルース・ポーターによれば、戦争によって膨張した国家財政と税収の規模は、戦後若干小さくはなるものの、決して戦前のレベルには戻らない。彼は、その理由を、人々が平時には許容しそうもない増税を、戦時あるいは対外関係緊張時に受け入れてしまい、それが既成事実として戦後に残ってしまうからだと説明している。これを歯車の後戻りを防ぐ爪車《つめぐるま》を意味するラチェットになぞらえて、「戦争のラチェット効果」と呼んでいる(1)。日本の歴史も、戦争のラチェット効果を実証する好例を提供しているわけである。

　だが、国家全体のことを考えれば、軍事費は可能なかぎり削減しなくてはならない。政治や経済についても多少理解できる頭があれば、軍人でも、軍縮の必要性は認めざるを得ない。そこで幾度か軍縮が行なわれたわけだが、これは陸軍内部に、軍備拡張派と軍縮派との派閥抗争を引き起こさざるを得なかった。

　陸軍軍縮は、山梨半造《やまなしはんぞう》陸相と宇垣一成《うがきかずしげ》陸相の時代に行なわれたが、山梨と宇垣はいずれも陸軍長州閥の田中義一《たなかぎいち》と近しい人物であった。山梨は原敬内閣における田中陸相の次官から陸軍大臣になったし、宇垣は第二次山本内閣における田中陸相の次官から陸軍大臣になったのだった。とくに第二次山本内閣の田中陸相のあとの陸相選任については、宇垣中将を推す田中前陸相に対し、当時参謀総長だった上原勇作《うえはらゆうさく》元帥は福田雅太郎《ふくだまさたろう》大将を推し、両者は激しく争ったのである。

上原元帥は、現在は宮崎県になっている都城《みやこのじょう》の出身だが、都城は維新前は鹿児島藩の支藩だった。田中大将が山口県出身だから、これは明治以来尾を引く、〝薩長〟の争いでもあった。上原元帥の下には佐賀閥の福田大将、武藤信義、真崎甚三郎らが集まって長州閥に対する隠然たる対抗勢力を形成していた。福田大将は、宇垣中将より二歳上で、軍事参議官でもあり、経歴からも階級からも、宇垣中将よりも格が上だった。それが陸相のポスト争いで敗れたのは、関東大震災で福田大将が関東戒厳司令官を務めたときに、甘粕事件(注1)や朝鮮人虐殺(注2)という不祥事があったという、陸相のポスト争いの上では偶然的と言うべき要因が作用したせいだった。宇垣軍縮は、山梨軍縮でも行なわれなかった師団の削減に手をつけたもので、宇垣軍縮を可決した軍事参議官会議も非常にもめて、僅差での決定になった。これが大きなしこりを残し、のちのちまでの派閥抗争のもとになったのである。

宇垣軍縮では、三万七千名にのぼる大量の将校が退職させられ、軍縮実施担当者に対する反発、怨恨が尾を引くことになった。しかも退職将校の約九割が無天組であったことは、天保銭(注3)組と無天組の対立を激化させることになった。

戦争のときに軍事費が膨張するのは避けられないところであるが、平和になったあとで軍縮しようとすると、国家の大事を引き起こすことが多い。明治維新後あいついだ士族による内乱も、維新に勲功のあった士族が維新を成し遂げた後に冷遇されたことに不満を募らせたことが一因と言えよう。開戦すべきか否かは、勝ったとしても、戦争のあとの軍縮が大きな問題になることまで見越して、よくよく熟慮に熟慮を重ねて決断しなくてはならないのである(2)。

（1）戸部良一『日本の近代9　逆説の軍隊』（中央公論社）を参照のこと。

（2）「兵者国之大事、死生之地、存亡之道、不可不察也＝兵とは国の大事なり、死生の地、存亡の道、察せざるべからざるなり（戦争とは国家の大事である。国民の死活が決まるところで、国の存亡の分かれ道であるから、よくよく熟慮せねばならぬ）」（『孫子』）

（注1）甘粕事件：一九二三年九月十六日、関東大震災の戒厳令下で憲兵大尉の甘粕正彦《あまかすまさひこ》らが大杉栄《おおすぎさかえ》・伊藤野枝夫妻と甥の橘宗一を扼殺《やくさつ》した事件。

（注2）朝鮮人虐殺事件：関東大震災時の朝鮮人に対する虐殺事件。震災直後から朝鮮人による暴行・放火などのデマが流布され、戒厳令で動員された軍隊・警察ばかりでなく、在郷軍人会・自警団などが朝鮮人に対する検問を実施、虐殺した。その数は数千人とも言われる。

（注3）天保銭《てんぽうせん》：陸軍大学校卒業を示す徽章《きしょう》が、江戸時代の銅貨の「天保銭」に似ていたところから呼び習わされた俗称。陸大の成績優秀者には恩賜の軍刀が与えられ、軍刀を下賜された優等生は「軍刀組」と呼ばれ、陸大卒業生のうちでも最も日のあたる道を歩んだ。陸大卒は天保銭組と呼ばれ、参謀や中央の要職を歴任するが、陸大卒以外は天保銭をつけていないので「無《む》天《てん》」と呼ばれ、よほどの勲功でもない限り、そのほとんどは軍人としての生涯を隊付勤務で終わる。陸大卒以外は将官に進む割合はかなり低く、大佐から少佐、人によっては大尉で予備役になる者もいた。

二　バーデン・バーデンの盟約

宇垣中将が陸相となり、宇垣に近い南次郎《みなみじろう》、畑英太郎《はたえいたろう》、杉山元《すぎやまはじめ》、小磯国昭《こいそくにあき》、建川美次《たてかわよしつぐ》らが、省部（陸軍省と参謀本部）の要職を占め、軍縮にともなって福田大将ら上原派の有力な将官数人が予備役編入になった。だが、上原派の勢力が一掃されたわけではなかった。上原元帥の勢力は、武藤信義《むとうのぶよし》、荒木《あらき》貞夫《さだお》、真崎甚三郎《まさきじんざぶろう》、林銑十郎《はやしせんじゅうろう》らに受け継がれ、特に参謀本部の中に無視し得ない力となって残った。

ちょうどこの時期に、本来なら田中・宇垣の後ろ盾となって上原元帥を抑えることもできたはずの山県有朋《やまがたありとも》公爵が亡くなっていたことも、派閥争いを激化させたと言えよう。山県公は宇垣中将が陸相になる二年前、一九二二（大正十一）年二月に亡くなっていた。

宇垣中将は、初めての明治維新後生まれの陸軍大臣であり、一八八七（明治二十）年に、陸軍士官学校がそれまでのフランス式からドイツ式に転換した新制度による陸軍士官学校一期生である。宇垣中将が生まれたのは、一八六八年六月で、明治に改元されたのは九月だから、正確に言えば明治元年生まれというよりは慶応四年の生まれだが、討幕軍の江戸入城以後の生まれには間違いない。しかも、宇垣中将は岡山出身で、長州閥としては「傍系」である。「宇垣閥」と言われる軍人も、小磯国昭（山形）、杉山元（福岡）、建川美次（新潟）、二宮治重《にのみやはるしげ》（岡山）と、各地の出身者が混じっており、郷党意識の強かった戦前には強固な団結力を得ることは困難だった。年功序列を重んじる日本式人事のなかでこうした抜擢人事を行なって、未曾有の四個師団廃止などという「波紋」を引き起こさざるを得ないことを断行するときには、「長老」の後ろ盾が必要になるのが日本式政治である。「維新の元勲」が死んだあとで軍縮に取り組まなくてはならなかったのは、日本にとって不幸なことではあった。

それでも、一九二四年一月の宇垣陸相実現以後の陸軍は、田中・宇垣時代というべき状況だった。田中・宇垣路線は、軍備近代化を重視し、政党との良好な関係を目指し、国際関係にも注意を払う路線であった。だが、こうした国際・国内協調路線は、軍事専門教育ばかり受けて専門バカになった人間には理解できない。

すでに、山県公存命中の一九二一（大正十）年に、スイス駐在武官の永田《ながた》鉄山《てつざん》少佐とソ連駐在を命ぜられてしばらくベルリンに滞在中の小畑《おばた》敏四郎《としろう》少佐、それに欧米旅行中の岡村《おかむら》寧次《やすじ》少佐がドイツのバーデン・バーデンで会合して陸軍改造計画について話し合っていた。彼らは、三人とも陸士十六期の同期生で、派閥解消と総動員体制構築で一致した。このバーデン・バーデンの会合で、ルーデンドルフの「国家総力戦」の思想が話題になった。第一次大戦なかばの一九一六年以降ドイツの戦争指導の実権者であったルーデンドルフの著書『国家総力戦』が出版されたのは一九三五年だが、彼はすでに一九一九年の著書『大戦回顧録』で国家総力戦の思想を明らかにしていた。

次から次へと一つの「正しい」思想から、別の「正しい」思想に乗り移るのが「アジア的」社会の伝統である。陸軍軍人たちも、「戦争は政治的手段とは異なる手段を持って継続される政治にほかならない」という〝時代遅れ〟のクラウゼヴィッツから、「クラウゼヴィッツの立てたすべての理論はもはや全然廃棄せられねばならぬ。（略）政治は戦争指導に奉仕すべきものである」というルーデンドルフに飛びついたのである。

昭和軍閥は、政治が「戦争指導に奉仕」するよう「国家総力戦」体制を築き上げることに熱中した。しかし、国家の総力を戦争に振り向けたら、いったい誰が生活必需品を生産するのか？　第二次大戦における日米の物量の懸隔《けんかく》は、中国軍との戦争しか知らなかった多くの日本兵を仰天させたが、それでもアメリカは国家の総力を戦争に振り向けたわけではない。アメリカでも、二、三の食料品が配給制になったが、たいていのアメリカ人は戦前よりも十分に食べることができた。食料以外では、ガソリンとタイヤが配給制になったが、何十万という自動車が、戦争とは無関係の用途でなんとか走ることができた。結局、近代戦を遂行する能力は経済力や生産力や国民の精神力も含めて、国家の総力で決まるのであり、国民を飢えさせるほどの事態になってしまえばすでに負けなのである。

　のちに日中戦争で和平工作に尽力し、回想録を著すことになる西義顕《にしよしあき》は、「日本の軍閥は下等動物的存在であった。その無責任なる、その破廉恥なる、その愚劣なる、しかも驕慢《きょうまん》なること、思い出すだに激憤を覚える」と、戦後十七年も経ってから書き残した。さらに彼は「ある意味では、日本の軍閥は下等動物以下でもあった。下等動物は、自己防衛の本能と知覚を持っているものだ。だが、彼らは、国家防衛の責任を持っているべきだのに、その実、自己防衛の正確な本能的感覚すら喪失していたのである」と続けている。昭和軍閥は、武力一辺倒で突き進み、共産主義を防ぐと称して中国をソ連の側に追いやり、世界を相手にケンカを売り続けて、日本を破滅させた。まさに国家防衛の本能さえ喪失していたというべきであろう。

　リデル・ハートは、ルーデンドルフの言う「国家の軍隊化」、これがつまり「軍国主義」であるが、これはルーデンドルフのオリジナルではなく古代スパルタの模倣《もほう》であるとして、ルーデンドルフの主張を「国家主義的宗教の開発」を求めたものと、非難している。[1] 昭和軍閥は、天皇制イデオロギーを、国家の総力を戦争に奉仕させる国家主義的宗教として狂信的レベルまで強化することによって、「国家総力戦」体制を構築しようとした。だが、誤った理論の実践の結果は失敗に終わるしかない。昭和軍閥は、ルーデンドルフの理論の誤りを日本の未曾有の惨害をもって実証することになったわけである。

ところで、陸士十六期生は、陸軍史上で特別な意味を持っている。将校養成機関として地方幼年学校六校が設置され、その最初の卒業生が陸軍士官学校を卒業したのは、陸士十五期生が最初であり、陸軍将校のなかに、一般中学校出身者と区別される〝幼年学校閥〟が形成されるようになった。しかも、十六期生が少尉に任官したのは一九〇四（明治三十七）年十一月で、その大部分は、留守部隊付あるいは新設師団要員になり、少数の例外を除いて、日露戦争に従軍する機会がなかった。つまり、十六期生は陸軍将校における最初の「戦後派」だった。彼らとそれ以前の将校団との間には、一般社会から隔絶された幼年学校からの純粋培養という点と、実戦経験という点で、二重に〝世代の断絶〟があったのである。

特に、彼らの長州閥への不満は大きかった。彼らは長州出身者を陸軍大学校へ入れないという申し合わせをして、実際一九二〇年代に長州出身者で陸軍大学校にはいった者は少ない。田中義一大将は長州出身で、この時期にも長州出身者は力を持ってはいたが、実際に試験などを担当していたのはもっと若い世代であり、陸大の入校試験の初審（筆記試験）は受かっても、再審（口頭試験）で長州出身の受験者をことごとく落とすぐらいの措置は可能だったようである。あまりにも山口県（長州）出身者が陸大にはいらないので、不思議に思った大正末期の教育総監・大庭二郎大将（長閥）が再審の試験に立ち会おうとしたら、陸大は参謀総長の隷下《れいか》に属するから教育総監の出る幕ではないと断られたというエピソードまであるぐらいである。

それで、長州閥が解消すれば、公正な人事が行なわれて若手の不満も解消し、組織運営もうまく行くようになったかというと、「親分」不在で勝手なことをする連中が増えて、統制が利かなくなることになったのである。

（1）リデル・ハート『戦略論』

三　一夕会

「バーデン・バーデンの盟約」を結んだ三人は、日本に帰国後時々集まるようになった。これが一九二三（大正十二）年ごろのことである。その会合によく使われたのが、渋谷の「二葉亭」というレストランで、その名をとって二葉会と呼ばれるようになった。集まるのは彼ら三人の十六期生を中心として、十五期の河本大作《こうもとだいさく》、十六期の板垣征四郎《いたがきせいしろう》、十七期の東条英機《とうじょうひでき》らであった。これに続いて、もう少し若い世代の幕僚層からもう一つの集まりが生まれた。二十二期の鈴木貞一《すずきていいち》らを中心とする木曜会である。木曜会の第一回会合は一九二七年ごろと推定されている。これには鈴木のほかに二十一期の石原莞爾《いしはらかんじ》、二十五期の武藤章《むとうあきら》などが加わっていた。やがて二葉会と木曜会は合同し、一夕《いっせき》会が生まれる。こうして彼らは、「派閥解消を目指す派閥」を築いていったわけだが、そのメンバーに、河本大作、板垣征四郎、石原莞爾がいたことが、やがて重要な意味を持ってくる。

一九二九（昭和四）年一月、帝国議会で、張作霖爆殺事件追及の動きが出ると、一月十二日に岡村寧次大佐、永田鉄山大佐を中心に東京在住の同志が集まった。話題の主なものは張作霖爆死事件に関する陸軍としての善後策であり、河本大作大佐の救助策であった。翌十三日、参謀本部の課長だった岡村大佐は、陸軍大学校長の荒木貞夫中将を私邸に訪ねて事件に関する対策運動の経過を聞いてから歩兵第三連隊長の永田大佐を訪問して打ち合わせをした。その翌日十四日には整備局動員課長の東条英機大佐を訪ねてこれまでの件を話し合うといったように、職務上の垣根を無視して「同志」の救助のために大活躍したことが岡村大佐の日記からうかがえる。

一夕会が正式に発足したのは、同年五月のことである。その会合で、（1）陸軍の人事を刷新して、諸政策を強く進めること、（2）満蒙問題の解決、（3）荒木貞夫、真崎甚三郎、林銑十郎の三将軍を盛り立てる、といったことを決議している。彼ら中堅幕僚層は、政党や列強との関係を顧慮する田中首相の政策にも不満だったし、田中の河本処分案は「身内」を斬るに等しいもので断じて受け入れられないという強い反発を抱いていた。反田中の思いを、上原系の三将軍に託したのであろう。彼らの運動は、田中首相に厳重処分をためらわせるところとなり、ついに内閣を倒すところまでこぎつけた。軍内で下剋上（注）を開始した彼らは、下剋上の刃《やいば》が自分たちにも向かうものだとは考えなかったようである。田中内閣を倒してから六年後、自分たちが始めた下剋上運動の帰結として永田大佐は殺害されることになった。

国家総力戦体制を築くために「同志」を陸軍の主要ポストにつけるよう努力し続けた結果、やがて満州事変のころとなると、陸軍省では軍事課長・永田鉄山（昭和九年三月軍務局長）、課員・鈴木貞一（十年五月内閣調査官）、補任課長・岡村寧次（十年三月参謀本部第二部長）、参謀本部では第一課長・東条英機（十年九月関東憲兵隊司令官）、第二課員・武藤章（十年八月軍事課員）、関東軍では高級参謀・板垣征四郎（十年四月関東軍参謀副長）、主任作戦参謀・石原莞爾（十年八月参謀本部作戦課長）、陸軍大学校では教官・小畑敏四郎（十年三月陸大校長）と、二葉会、一夕会のメンバーが陸軍中央部と関東軍の要職を占めるにいたったのである。彼らは、いかに無能であっても単に山口県出身であるというだけで陸軍の要職を占めて、他県出身者をいじめる長州閥のやり方を改めたつもりであったが、「身内」をかばって「ヨソモノ」をいじめるという「アジア的」社会の掟の当然の帰結として、公正な人事考課は不可能なのであり、彼らの運動は山口県出身というだけで陸大不合格になるという逆差別を結果しただけだった。結局、天保銭組が要職を占めて無天組をいじめる不条理は解消されず、無天の将校と兵の不平・反感は募り続けたのである。

（注）下剋上《げこくじょう》：「下が上に剋《か》つ」の意。一般には、室町時代から戦国時代にかけての下層階級台頭の社会風潮を指すが、昭和史では、軍内で、部下が上官に反抗し、逆に上官も部下の反抗を恐れて部下の機嫌を取るような風潮を指す。

四　皇道派と統制派

田中首相の辞任後、再び宇垣大将が陸相となる。宇垣陸相は軍の近代化を政党の理解を得て推進し、対外政策は対英米協調の枠組みのなかで進めようとした。しかし、この時期には、陸士二十三期の橋《はし》本欣《もときん》五郎《ごろう》中佐を中心とする桜会のようなクーデターを目指す秘密結社まで軍内に結成され、いわゆる「処士《しょし》横議《おうぎ》」花盛りの状況になっていた。こうした派閥抗争が、一九三五（昭和十）年当時の「皇道派」と「統制派」の争いにつながっていくのである。

皇道派は、国家改造を希求する尉官級の将校たちと、旧上原派の将官が結びついて形成された。その中堅どころと目される青年将校は陸士三十七、八期を中心として、その「同志」と見られる者は全国で七、八十名と見られた。そのなかでも特に活発に活動していたのは、菅波三郎《すがなみさぶろう》、大岸頼好《おおぎしよりよし》、大蔵《おおくら》栄一《えいいち》、村中孝次《むらなかたかじ》、磯部《いそべ》浅一《あさいち》、末松太平《すえまつたへい》らを中核としたせいぜい二十名内外だった。「皇道派」の名称は、陸軍を慣例的に「国軍」と呼んでいたのを、荒木貞夫中将が「皇軍」と呼んだことに由来する。

満州事変後の一九三一年十二月に荒木中将が陸相に就任し、露骨な皇道派優遇人事を行なった。ただ、反皇道派の一掃といっても、理由もなしに全員を予備役にすることもできない。統制派には有能な軍人が多く、完全にこれを一掃すれば省部の要務に支障をきたすことになる。とはいっても、反皇道派の大物を重要ポストにすえたのでは、反撃をくらうおそれもある。

そこで、参謀総長に閑院宮載仁《かんいんのみやことひと》親王をもってくることにした。皇族なら、あまりうるさく実務に介入しては来ないだろうと考えたのである。ところが、皇族であっても生え抜きの軍人であり、日清・日露の戦役では実戦の体験もある閑院宮はロボットにおさまっているだけの人物ではなかった。皇室の存亡を気にかける立場の宮は、危険な青年将校の扇動者としての真崎を忌避した。閑院宮は真崎の次長就任には大反対であったが、上原元帥と武藤大将に説得されてしぶしぶ承諾した。

翌三二年一月、真崎甚三郎中将が参謀次長になると「皇道派」の最盛期となり、次官・軍務局長・人事局長と陸軍省の枢要ポストを皇道派で固めた。宇垣時代も人事は強引さが目立ったが、荒木人事はさらにひどく、そのあまりに能力や実績を無視して皇道派を優遇する人事に、当時の中立的将校たちは「まるで源平盛衰記だ」と嘆いたと言う。主要ポストにすえられたのは皇道中心の精神主義者や農本主義思想の将校が多く、桜会員の幕僚将校らは、橋本欣五郎が姫路の野砲連隊付に転出させられたのをはじめ、ほとんど全員が左遷された。

皇道派青年将校の言う「皇道」とは、武士道なりやまと心なりといった日本古来の思想とは縁もゆかりもないドイツのルーデンドルフの総力戦思想を、天皇制イデオロギーの衣《ころも》でくるんだだけのものである。だいたい、五・一五事件にせよ、二・二六事件にせよ、武装した集団で老人を虐殺するなど、日本古来の武士道に反する卑劣な行為でしかない。彼らは「皇道」によって「危険思想」に反対すると称したが、国法に違反して老人を殺害することを「正義」とする思想こそ危険極まりない思想と言うべきであろう。

荒木中将は、青年将校を大切にした。別の言い方をすれば、青年将校に媚《こ》びた。荒木中将の陸相時代、正月とか祭日になると、少尉、中尉が、千鳥足で泥靴のまま陸相官邸に現われ、「荒木、荒木はいるか」と怒鳴りつつ奥に通る。それを見ながら「若いやつは元気がいいのう」と荒木陸相は歓迎した。いやしくも陸軍大臣をつかまえて、酔っているとはいえ呼び捨てにするとは、「どこの国にも見られない奇現象であった」とは陸軍通のジャーナリスト高宮太平の観察である。[1]同じことは真崎中将にも言えた。要するに、荒木、真崎は青年将校の人気取りをしたのである。彼らは面従腹背の少数の幕僚よりも、純真にして多数である隊付将校を味方にひきつけた。中間管理職を飛び越えた「私的交際」は、当然にこれら下級将校に直属上官軽視の風潮を生じさせた。下剋上の気運を将官自ら醸成したようなものである。これらの青年将校の直接の上官はその統率に困った。たとえば、青年将校の意見具申に無理や非常識を指摘すると、これは荒木閣下のご意見である、これは軍中央部の秘匿された意図である、というようなことで反論してくるのである。彼らが荒木陸相や真崎参謀次長と親しくつきあっているのは周知の事実であったから、たいていの上官は青年将校の言い分を容認しないわけにはいかなかった。

　では、陸軍の「輿望《よぼう》」をになって出発した荒木・真崎時代に、なぜ軍備拡張が進まなかったのか？もともと荒木陸相には総力戦態勢構築の具体的プランがなかったからである。五相会議で荒木陸相が提出した国策案は「非常時財政の確立」「農村問題の解決、中小企業の振興」「基礎産業に対する国家統制」「議会政治の刷新」といった空虚なスローガンであった。荒木の主張を聞いた高橋是清《たかはしこれきよ》蔵相が「要するに、荒木君はどうしたいというのだね？」と質問したところ荒木陸相は何も答えられなかった。

荒木陸相は新聞記者への談話として、

「陸軍は着々皇国精神をもっていわゆる皇軍をつくりつつある。皇軍は不正なるもの、曲がれるものに対してはあくまでもこれを正してゆく。悪に対しては徹底的に破砕してゆく。それを横暴と言うなら横暴のそしりも甘んじて受ける。現在の日本では真の日本精神が蔽われている。これを顕わしさえすれば各方面の行き詰まりも自然と解消してゆく」

などと、一切の問題を皇道精神で解決できるような口ぶりであったが、具体的政策は何もなかったのである。

荒木陸相は、皮肉屋として知られるイギリスの劇作家バーナード・ショーと対談したとき、竹槍による戦争が最も経済的だと語ってショーを驚かせた。農村の窮乏が、軍隊の精神的基礎を破壊するものと考えられて青年将校の過激運動につながった面があったのであるが、荒木は陸軍大臣として予算折衝にあたったときに、最終段階で農林省に譲歩した。それは農民出身の兵士を大切にする荒木からすれば正しい選択であった。だが、〝総力戦〟間近と危機感を抱いて軍備増強をあせる中堅幹部からすれば、荒木は、雑誌が人気作家との対談を企画するような〝世俗的人気者〟で、雑誌の中で愚にもつかない冗談を飛ばし、部内で若い層に媚び、閣内では重宝されているが、予算は取れない役立たずということになった。

荒木人事によって疎んぜられた桜会残党を中心とする幕僚たちは、皇道派首脳に対する反感から、反荒木色、反皇道派色を露骨に表わすようになった。そして荒木、真崎の傘下にある青年将校の越《えつ》軌《き》、驕慢に、粛清、弾圧を加えることを軍内に呼びかけた。これが「清軍運動」である。だが、清軍運動を進める幕僚自身が昭和六年に起きたいくつかのクーデター未遂事件にかかわったり、積極的にかかわらないまでも厳しい取り締まりを行なわずに済ませたという、「脛に傷持つ」身である。皇道派青年将校は、清軍派幕僚自身がクーデター未遂事件にかかわったことを非難し、これら幕僚の軍からの追放を叫び、自らこれを「粛軍運動」と呼んだ。こうして清軍派と皇道派の二つの派閥は、お互いに排斥しあい、その背後にはそれぞれ民間右翼が控えて文書戦を展開し、抗争をあおり立てた。

　こうした両派の抗争は軍の団結を乱すもので、軍の正しい姿ではないと考える幕僚の一団もいた。ところが、彼らは軍人の政治活動いっさいをやめさせる方向には向かわなかった。青年将校の越軌行動を抑えようとする側も総力戦に備えて国家改造が必要だという青年将校の主張に反対なわけではない。一糸乱れぬ統制のもとに国家改造に進むことによって青年将校の運動を吸収しようと考えた幕僚の一団が「統制派」と呼ばれるようになった。統制派は、一夕会の流れを引いて、陸大卒のエリート軍人で形成され、永田鉄山、東条英機、武藤章らを中心としていた。来たるべき戦争は国家総力戦であるとし、総力戦に耐える国家体制実現は、陸相が内閣の政策を動かし、同時に新官僚（注1）や財界とも提携して合法的に達成するとした。この達成のためには、皇道派の青年将校は軍の統制をみだす障害であるとして、皇道派と対立した。しかし、この統制派も青年将校運動を排撃する点では清軍派と同じことだったから、皇道派青年将校は統制派も清軍派も一緒くたにして「統制派」と呼んで抗争した。「バーデン・バーデンの盟約」の三人にも亀裂が生じ、とくに軍政畑の永田鉄山少将と作戦一筋の小畑敏四郎少将の仲が悪くなった。永田少将は統制派に、小畑少将は皇道派に属し、対立は激化した。会員を陸軍の主要ポストにつけるという一夕会の目的がほぼ達成されたこともあって、一夕会は自然消滅の形になった。岡村少将は真崎大将に近い立場にいたが、二人の旧友の間に立って調停に努めた。

両派の背後にいた民間右翼は、皇道派系に北一輝、西田税の一派がおり、統制派系には大川《おおかわ》周《しゅう》明《めい》、岩《いわ》田《た》愛《あい》之《の》助《すけ》などがいた。

農村の窮乏化は、皇道派の理論からすれば、財閥が私利私欲のために法外な蓄財をしているせいなのだが、客観的に見れば、直接に農民を苦しめたのは不景気と重税と一家の働き手を兵隊に取られることである。景気がよくなるには、資本家がもうかるようになって新規投資の意欲が出てくるようにならなくてはならない。景気刺激に減税は必要である。減税のためには軍事費を削らなくてはならない。農村の働き手を農業生産にふりむけるためにも軍縮は必要ということになる。軍備充実と農村救済は両立し得ないのである。皇道派が本当に農村の窮乏化を解決しようとするのなら陸軍予算を削減するのは当然だと思うが、彼らにとっては農民の窮乏化云々は、軍部を抑えつけようとする政財界を攻撃するための口実に過ぎなかったようで、皇道派の間でも予算の取れない荒木陸相は不人気となった。

荒木大将にとって、五・一五事件は重要な反省の機会となったようである。陸軍士官候補生が事件に連座したのだから、管理責任上も、この時期に荒木陸相は辞職しなくてはならなかったはずである。だが、勢力伸張と維持の野心を持つ真崎参謀次長が極力荒木陸相をバックアップしたので、このときは留任した。しかし、真崎次長は荒木陸相と組んで着々と派閥を陸軍内に築き、ことごとに閑院宮《かんいんのみや》参謀総長をないがしろにしたので、総長に嫌われて昭和八年六月に次長を辞めさせられた。真崎という後ろ盾を失って荒木陸相の陸軍内での力は衰えた。同じ昭和八年の十一月に、皇道派の源流と言うべき上原勇作元帥が病没したことも影響した。

　この昭和八年の十一月に、青年将校と中央部幕僚との懇談会が偕行社《かいこうしゃ》(注2)で数日にわたって行なわれた。その中央側幕僚の池田純久の戦後の回想を大谷が『二・二六事件の謎』に以下のように引用している。

「青年将校の政治活動（革新運動）をやめさせるためには、軍中央部幕僚が堂々と首脳部を押し立てて、軍全体として革新に進まなくてはならない。そこで蠢動《しゅんどう》する青年将校は弾圧することになるが、その前に一度胸襟を開いて彼らの反省を促そうとしたものだった。ところが両者平行線をたどってついに一致点を見出すことができなかった」

　この会合で中央部幕僚と青年将校の亀裂を埋めることは不可能と判明して以後、青年将校に対する弾圧は目立って激しくなった。このころは、まだ荒木陸相の時代だったのだが、その統率する陸軍省の幕僚が青年将校の蠢動を見かねて抑圧しようとしたことは、その越軌僭上《えっきせんじょう》が目に余るものがあったことを示すものでもあろう。

　荒木陸相自身、青年将校たちの越軌行動に対して厳しく抑制する方針をとり始めた。これは青年将校から見ると、荒木の「寝返り」である。激昂した青年将校や右翼浪人たちからは、荒木陸相に対して問責や辞職要求が殺到するようになった。真夜中に青年将校が塀を越えて陸軍大臣をたたき起こして大臣就任前の約束はどうした、と詰め寄るようなことが重なって、睡眠不足で神経症気味となった荒木大将は、昭和九年一月、病気を理由として陸相を辞任し、後任に林銑十郎教育総監が起用され、教育総監の後任には参謀次長を辞めて軍事参事官の閑職にいた真崎大将が任命された。林大将は、かつては荒木・真崎とともに反田中中堅将校からかつがれた将軍だったが、軍の統制の乱れを是正する必要は自覚したようで、この時期には皇道派との間にはかなり距離ができていた。林陸相は同年三月の人事で永田鉄山少将を軍務局長に起用した。

(1) 高宮太平『軍国太平記』(酣燈社) 一九五一年刊

(注1) 新官僚：昭和戦前期に、政党政治への不信感から現状打破・社会改良を志向した官僚。

(注2) 偕行社：陸軍将校の親睦を図る共済団体。東京九段に本館を構え、全国各地に集会所などの会館施設があった。

五　真崎教育総監更迭

天皇は、自己の機関説支持姿勢を、本庄武官長ばかりでなく、出光万兵衛《いでみつまんべえ》海軍侍従武官にも、岡田《おかだ》啓介《けいすけ》首相にも折にふれて表明したのだが、天皇が、こうした「政治的議論」の〝泥〟にまみれないようにとの〝配慮〟のもとに、宮中の外には完全に秘匿された。だが、天皇が「機関説」論議に注目し、武官長たちに見解を表明しているのは、たんに憲法学説上の当不当という点で意見を表明しているのではない。機関説排撃側の論調に〝狂信色〟が強く、過激行動を誘うことを懸念していたからである。過熱一方の議論を終息させるには、「機関説」問題を、国民にわかりやすく解説する必要がある。それには権威ある学者に解説を依頼するのもいいだろう。ところが美濃部博士のかんでふくめるような「講義」でも世論は鎮静化しない。事態はもはや手のつけられない「狂信」のレベルに達していると考えるべきであろう。とすれば、これら狂信的〝国体明徴〟論者が現人神と仰いでいる天皇自身による機関説支持表明は、事態の鎮静化に非常に有効であろう。しかも、天皇機関説論争は、文字通り天皇に関する議論である。とすれば、論議の鎮静化には天皇自身の意見が何より役立つはずではないか。

だが、天皇の側近である武官長たち自身が軍人であり、〝国家革新〟〝国体明徴〟の声の高まりに一理を認める心情のもとにある。彼らが天皇の意見を外部に決して漏れないように配慮したのは、天皇が〝泥〟をかぶらないようにという配慮だけからではなく、世間の軍部支持ムードに水を差すようなことを避けたい心理が働いていたことは間違いないだろう。つまり、「国体明徴」を言い立てる側は、国体を明徴にしないよう図ったのである。

とくに陸軍軍人教育の元締めである真崎教育総監自身が機関説排撃を煽り立てていることに天皇が強い懸念を表明したことは既述したところである。ところが、これを本庄武官長が陸軍上層部に漏らしても、尊皇絶対として機関説排撃を唱える、言い換えれば、天皇の言うことにはどんなことでも従うべしと主張している、当の真崎総監が従わなかった。五月十五日の『真崎甚三郎日記』には、

「原田（熊雄）の輩《やから》は武官長の言として、陛下は本問題はやかましく取り扱うなかれと仰せられたりとか吹聴して一日おきに永田（鉄山）を訪問しあり」

と書いてある。つまり天皇が何を言おうが、機関説排撃をやめる気がないのである。おそらく、原田の言うことを天皇の真意とは思わず、永田軍務局長が自分を追い落とそうとしている陰謀に原田が

加担する動きとしかとらえていないのであろう。

　のちに、昭和十三年一月に平沼《ひらぬま》騏《き》一郎《いちろう》内閣が成立した後、二月二日に原田は平沼首相に以下のように言った。

「まことに申し訳ない話で遺憾に堪えないと思っていることがある。それは、世の中の状態が変な風で、現在陛下の叡慮《えいりよ》のあるところ、また君徳のさかんなところが、少しも事実として国民に伝わらないことである。で、現在の陛下のあの聡明さと、聖徳のいかにも高いことは、如実にいろんな事実に現われてきておりながら、しかもそれを国民に知らすことができない。たとえば政治の上でいえば、どこまでも憲法を遵守していこう、という大御心を国民に知らせることができない。これには社会上いろいろの欠点があるのであって、政治でも外交でも、陛下のご意思のあるところが少しも出ておらないのはそのためである。永年の間、側近、重臣のもっとも苦慮しているところもそこにある。たとえば、陛下はどこまでも憲法政治を守っていこうという御精神だ、ということを説明すれば、それはもう蔭に西園寺《さいおんじ》（公望《きんもち》＝元老）があり、あるいは牧野《まきの》（伸顕《のぶあき》＝長く内大臣を務めた側近）があり、あるいは内大臣、その他側近がかれこれ自分の都合のよいように、陛下の御意思として説明するんだ、とかなんとか言って、結局憲法の精神を無視し、陛下の思し召しのあるところを伝えることができないような風にしむけていくのである。自分は貴下のような経歴と、貴下のような今日までの社会的の立場から考えれば、貴下が総理になられた今日こそ、陛下の思し召しをそのまま伝え、また君徳のさかんなことを国民に知らしむるに最も適当な総理大臣だと感ずる」

　平沼は右翼団体国本社《こくほんしや》の主宰者を務めたりしていたので、平沼が言えば右翼も現実の天皇の意志を納得するだろうというわけである。首相になって、しばしば天皇に拝謁して、聖慮を納得するようになった平沼も「なるほど、自分もよくわかった。自分も一つそういう風に努めたい。なんとかしましょう」と言ったが、平沼の努力によっても天皇の「思し召し」が国民に伝わることはなかった。

原田が『西園寺公と政局』、いわゆる『原田日記』を書き残した目的も、原田自身が、日記を高松宮に預かってもらう際に「いかにも陛下の御徳といい、英邁な、極めて高い御見識なんかについても、ほとんど想像以上に悪しざまに宣伝されて、まことに遺憾だと思うような点から、自分は、職務上真相を知っていたために、これを書き残すことが必要だと思いました」と説明したように、どうしても天皇の真意が世間に伝わらないため、真相を後世に伝えるところにあったのである。

七月十日、天皇は〝革新〟ムードが高まっている様子を報じる新聞記事を読んで、「機関説」論議が不穏なムードを爆発させる導火線にならぬよう、論議を中止させる方法について岡田首相に下問した。岡田首相は、必要ならば政府声明を発表して世論の鎮静化を図る旨奉答したが、天皇は「機関説」排撃がそのまま〝革新〟の旗印になっている情勢なので、特に一部青年将校を刺激している様子はないかと不安げであった。

当時の日本は、政治問題について、きちんと議論して解決するという手法には、今以上に不慣れだった。政治はエライ人のやることで、自分で考えて納得して従うのでなく、何も考えずに自分の信じた「親分」にくっついていくというのが、「アジア的」政治である。そのため、「子分」も自分で考えて相手側の主張に同意するわけにはいかないが、「親分」も、議論の結果相手の言い分に一理あると思っても、「子分」の手前、引き下がるわけにはいかなくなるのである。議論は、議論を通じて反対派を説得するのでなく、人事によって反対派を左遷することで解決するのが日本式政治である。したがってどちらの派閥につくかということは、自分でどちらの主張が正しいと考えるかという問題を離れて、反対派が勝てば報復人事を覚悟しなくてはならないわけで、いよいよ負けるわけにはいかなくなってしまうのである。

教育総監は、陸軍大臣、参謀総長とともに、いわゆる「三長官」の一人であり、真崎大将は、教育総監の地位を利用して人事に影響力を駆使して、皇道派の勢力拡大を図っているとみなされていた。過激な青年将校を抑えるには、青年将校の「親分」とみなされる真崎大将の更迭が当然の目標になる。真崎大将は、七月十五日の「三長官」会議で、現在の陸軍の統制の乱れの根源は永田少将にあると強調し、とくに自分が天皇機関説反対を主張したことで辞職を勧告されるとすれば、国体明徴が軍隊教育の基本であることを無視するもので、断じて辞職はできないとゴネた。

林陸相は、真崎嫌いの閑院宮参謀総長の強力なサポートを得て（というよりは、松本清張は真崎おろしの首謀者は閑院宮その人だったろうと推測しているし、政治の裏面の情報に明るい憲兵の大谷敬二郎は、ゴネ続ける真崎に対し、閑院宮自身が激怒して大喝したと述べているぐらいだが）、強引に辞職にもちこんだ。

閑院宮と真崎の間は、満州事変当時から険悪だったようで、緒方竹虎《おがたたけとら》は、昭和七年の末に東久邇宮《ひがしくにのみや》稔彦《なるひこ》王が突如第五旅団長から参謀本部付に転勤させられたのは当時参謀次長だった真崎が、閑院宮と同じく皇族であるばかりでなく、大正天皇の妹と結婚していることで天皇への影響力としては閑院宮より上ともみなせる東久邇宮によって閑院宮を抑えようと図ったせいだとしている。真崎次長は、参謀総長宮が満州事変完遂について参謀本部の意向を天皇に徹底してくれないことについて不満を漏らし、東久邇宮から参謀本部の考えを天聴に達してもらいたい旨要請したところ、東久邇宮は職務上の秩序を乱すものとして拒絶した。これで真崎の怒りを買ったために、間もなく仙台の第二師団長に転出させられたのであり、同じ時期に石原莞爾が仙台の第四連隊長に転補されたのも、石原が真崎の意を迎えようとしなかったせいだとしている。

三長官会議が終わると、その日のうちに、林陸相は、葉山御用邸に参内して教育総監を真崎大将から渡辺錠太郎大将に交代させる勅裁を仰いだ。天皇は、林陸相が真崎教育総監の更迭を内奏すると、「陸軍の統制に波紋を起こすがごときことなきや」と、懸念を表明した。更迭によって青年将校の過激な運動が鎮静化するどころか、激化することを懸念したのである。林陸相は、八月人事の内容も提示したが、それによると明らかに〝皇道派〟とみなされる幹部将校の大幅な更迭が含まれている。

だが、陸相は、天皇の下問に対し、

「波紋を起こすがごときおそれなし。かえって真崎を辞めさせせずば、大部の不満を大ならしむるの情勢にあり」

と、奉答した。

天皇は即決した。天皇は、翌十六日、本庄武官長に「自分としても、真崎が参謀次長時代、熱河《ねっか》作戦、熱河より北支への進出等、自分の意図に反して行動せしめたる場合、いったん責任上辞表を奉呈《ほうてい》するならば、気持ちよろしきもそのままにてはいかがなものかと思えり」と、真崎大将に対する疑念を漏らした。天皇は、真崎大将が参謀次長だった昭和八年当時、天皇の意に反して満州国の西に位置する熱河省の掃討作戦を北支にまで拡大したことについて、許しがたい思いでいたのである。尊皇絶対を唱導する真崎大将のほうは、天皇の意向を無視して平然としていたが、天皇のほうは無視されて平気ではいられなかったわけである。

　天皇は、憲法に従って、責任ある輔弼機関の決定はどれほど不満であっても必ず嘉納する。「嘉納」とは、字義としては、「喜んで受け入れること」である。だが、天皇も人間である以上、同じく「嘉納」と言っても、心から喜んで受け入れる場合と、そうでない場合があるのはいたしかたない。真崎大将の更迭は、文字通り心から嘉納したのだった。

　天皇機関説を排撃し、したがって天皇の言うことなら何でも言うとおりにすることを国民統制の基本と主張してきた真崎大将は、天皇が更迭を親裁してもなおあきらめず、二日後の七月十七日の非公式の軍事参事官会同で頽勢挽回を策した。彼は、〝粛軍〟の効果を挙げるとすれば、まず昭和六年のクーデター未遂事件、「三月事件」の関係者である軍務局長・永田鉄山少将を処分すべきだと主張した。そして、「三月事件」に永田少将が関与した「証拠」として、永田少将自筆の「メモ」を提出した。

　これは、当時の軍人・政治家に幅広い人脈を持っていて戦時中から戦後にかけて当事者から詳細に聞き書きを収集した矢次一夫《やつぎかずお》によれば、以下のような事情で作成されたものだった。「三月事件」当時軍務局長だった小磯国昭少将が、大川周明から宇垣陸相あてに提出した「計画書」について、当時部下で軍事課長だった永田鉄山大佐に意見を求めた。小磯少将は単に意見を聞こうと思っただけだったのだが、永田大佐は書面で意見書を提出した。これを保管しておいたものを小磯の後任の山岡重厚《やまおかしげあつ》軍務局長あたりが見つけて、永田大佐を快く思わぬ連中の手に渡って、永田鉄山が「三月事件」に関与した証拠として騒ぎ立てたのだと言う。小磯の自伝『葛山鴻爪《かつざんこうそう》』でもそういう記述になっている。

これは、当時は極秘文書であったが、現在は『現代史資料（23）』の「資料解説」に収められて、誰でも読むことができる。なんらかの事件で現内閣が倒れたとして、内閣更迭の際に宇垣内閣を成立させるための手順についてのメモ書きといった体裁で、内閣更迭を非合法手段で目指すと書かれているわけではない。筆跡から永田直筆に間違いはないとしても、だれがこれを立案したのかまでは不明である。

これが事件に関与した証拠になるとすれば、警察の捜査員が何かの事件について関係者から事情聴取して、事件の「計画概要」について上司に見せるための書類を作成すれば、それもその捜査員が事件に関与していた証拠ということになる。

法律とは、「法の下の平等」の原則に従って、どんな人もその規制に従うから規律が保たれる。軍紀を乱す青年将校に媚びる皇道派の粛清が必要だという議論に対して、「三月事件」関係者の処罰をせずには、粛軍の実をあげることはできないというのは、まったく正当な反論ではあった。「永田メモ」が大川らの文書をまとめただけなのか、実際永田少将が事件に関係していた証拠なのかを判定するには、結局「三月事件」について軍法会議を開いて徹底的に関係者を取り調べるしかない。だが、「三月事件」以後、陸軍大臣は何度も変わっている。今さら「三月事件」を問題視するぐらいなら、荒木が陸軍大臣のときにやっておけばよかったのである。荒木が見過ごして免罪にしたものを、今になって蒸し返すのは筋が通らない。

ところが、ここで渡辺新総監が、「永田メモ」という機密書類を一参議官の真崎大将が軍事課の金庫から持ち出したことをとがめた。機密文書は外部に持ち出しただけでも軍法違反である。真崎大将も一転して青ざめることになったが、阿部《あべ》信行《のぶゆき》参議官が、「永田メモ」を真崎参議官が所持していたことは、永田軍事課長が自筆の書類の処置を失念していたと同じ過失であるから、この書類の件の追求は打ち切って書類は林陸相に返還してはと、とりなして、「永田メモ」の追及は打ち切りとなり、林陸相による皇道派更迭人事は確定した。

　七月二十日、新任教育総監の渡辺大将と前任総監の真崎大将は、新任と退任の報告のために葉山御用邸に参内して拝謁した。

　この際、武官長が、新任者には「ご苦労である」、前任者には「ご苦労であった」とのお言葉を賜るよう内奏したところ、天皇は、

「真崎は加藤のごとき性格にあらざるや。前に加藤が、軍令部長より軍事参議官に移るとき、自分はその在職間の勤労を想い、ご苦労である旨を述べしところ、彼は『陛下よりかくのごときお言葉を賜りし以上、ご信任あるものと見るべく、したがってあえて自己に欠点ある次第にあらず』と他へ漏らしありとのことを耳にせしが、真崎に万一これに類することありては迷惑なり」

と懸念を表明した。

　加藤とは、海軍大将・加藤《かとう》寛治《ひろはる》のことである。加藤大将はロンドン軍縮会議の軍艦保有量制限にどこまでも反対し、統帥権干犯問題まで引き起こした張本人である。ロンドン軍縮条約に反対して海軍内に生まれた派閥の、いわゆる「艦隊派」の巨頭である。海軍の「艦隊派」は、軍内強硬派という点で、陸軍の「皇道派」と似たようなところがあり、加藤と真崎は個人的にも親しかった。二人とも平

沼騏一郎が主宰する国本社という右翼団体のメンバーでもあった。

加藤大将は、軍縮条約にどこまでも反対して辞任したのだが、その際、天皇から「ご苦労であった」との「お言葉」があったことを、天皇が軍縮条約反対の自分を支持してくれていた証拠だと周囲に吹聴したことがあったので、真崎もそういうことをしかねないと懸念したわけである。

武官長は、「真崎としては、自己の主義主張を曲げることはできざるべきも、かりそめにもお言葉を自己のために悪用するがごとき不忠の言動をなすものには断じてあらざる」旨を奉答し、天皇も「それならば結構なり」と言って、武官長の内奏通り、渡辺大将には「ご苦労である」真崎大将には「在職中ご苦労であった」とのお言葉を賜った。

天皇から直々にねぎらいのお言葉まで頂戴した以上、天皇が親裁したことは明白だったはずである。ところが、真崎大将は葉山から帰京すると、教育総監更迭人事に対して、「統帥権干犯だ」と言い出した。のちに磯部が憲兵の尋問に答えたところでは、天皇が真崎大将の教育総監更迭について、「林、永田が悪い」と本庄武官長に漏らしたといううわさが青年将校の間で信じられていたという。だから磯部は、天皇の意志に反して林陸相が教育総監更迭を強行したと信じ、つまり統帥権干犯と思い込んだのである。さらに真崎大将は、更迭の背後には、軍務局長・永田鉄山がいると放言し、永田を三月事件の中心と称して猛烈に中傷し始めた。真崎大将は、更迭の背後にいるのは天皇その人であることをどうしても理解できなかったのである。

六　相沢事件

林陸相が「波紋」を起こすことはないと天皇に請け合ったにもかかわらず、真崎総監更迭は、陸軍部内に異常な波紋を生じさせた。

政治においては、国民世論あるいは外交上、どのようなことが問題視されるかということについて鋭敏な感覚が要求される。国家のためにどうしても必要な政策を推し進めるにしても、利害を調整し、問題が極端に過激化しないよう、常に気を配らなくてはならない。「ソフト・ランディング」こそは、政治家の能力のものさしであり、「正面突破」型政治家は、勇ましくて大衆受けはするが、政治家としては無能の証明と言えよう。真崎大将の更迭で「波紋」が生じるのではないかとの天皇の懸念は、天皇の鋭い政治感覚を物語っている。もちろん、例外的な危機の事態に際しては、万難を排して決断を実行しなくてはならないこともあるとしても、そういうときでさえ「痛み」を与える社会的勢力にはしかるべき「配慮」をして、社会的摩擦が激化しないよう努めるのが政治家の役目である。基本的に、政治においては「無事これ名馬」なのである。

「相沢事件」に名を残す相沢三郎中佐は、明治二十二（一八八九）年九月九日生まれで、昭和十（一九三五）年八月には四十五歳ということになる。

陸軍大学校卒業が軍部エリートへの道なのだが、相沢中佐は陸大に進学せず、隊付将校の道を地道に勤め上げてきた。昇進も遅く、中佐になったのはほんの二年前である。軍縮で将校が過剰気味だったことを思えば、昭和二年の少佐進級で予備役待命となってもおかしくなかったところだが、剣道という特殊技能が彼を現役にとどめた。中佐は、身長六尺（一八〇センチ）近くと、今でも長身だが、日本人一般の身長が低かった戦前には頭抜けた長身で剣道四段。粗製乱造気味の現代の剣道四段と違って、戦前の剣道四段は軍人のうちにもめったにいない達人である。

　中佐の直属上官にあたる広島県の福山の歩兵第四十一連隊の連隊長・樋口《ひぐち》季《き》一郎《いちろう》大佐は、ひそかに相沢中佐の言動に注目していた。樋口大佐は陸士二十一期、相沢中佐の一期上である。連隊長と連隊付という上下の関係を抜きにして相沢中佐の前途を心配していた。樋口大佐は、三月事件や十月事件にかかわる桜会の発起者の一人でもあったが、桜会では橋本欣五郎の急進論に対し、彼は漸進論を唱えた穏健派であった。

　相沢中佐は陸軍省でも「危険人物」として知られており、陸軍省人事で中佐を穏健派の樋口大佐のもとに転勤させたのは、革新運動のことを多少知っている樋口大佐に中佐を抑えてもらう意図があったのであろう。

　だが、中佐の国家改造に対する熱意は高まる一方であり、ある日突然、樋口大佐に軍隊の決起の主張をするまでになった。樋口大佐は、「天皇の軍隊を私用して、なにが忠君絶対だ」と中佐を諌めた。だが、中佐は「本来、陛下に対する忠節ということは神としての陛下に対する忠であります。人間天皇はお許しにならぬかもしれませんが、神たる陛下はお許しになります」と言う。この相沢中佐の反論は、自分の心のなかの現人神としての天皇は、必ず自分の「祈り」を聞き届けてくれるという「信仰」を示しているもので、宗教としての天皇制イデオロギーの本質をよく表わしている。

樋口大佐は、相沢中佐がいかに皇室尊重の念に厚いかよく知っていた。その純真な中佐が「反逆も忠なり」というような飛躍した狂信のとりこになっているとは……。樋口大佐は、相沢中佐を国内におくことの危険性を察知し、中佐の台湾赴任を上申した。

八月一日の異動で、上申通り相沢中佐は台湾の高等商業学校の配属将校への転任が発令された。中佐は何の不満も見せずに転任の準備を進めた。樋口大佐はホッとした。大佐自身もハルビンの第三師団参謀長への転任が決まり、八月九日、福山を出発した。駅には相沢中佐も見送りに来ていた。だが、外面には不満を表わさなくとも、天保銭組のみが日の当たる道を進み、無天の自分は配属将校にされる差別人事に対する不満が内心に渦巻いていたであろうことは想像に難くない。中佐は台湾赴任前に、樋口大佐の「不安」を実現してしまう。

相沢三郎中佐

中佐は、しばらく前に中耳炎が悪化して危篤状態になったことがあった。現在では中耳炎で死ぬ人はきわめて稀だが、抗生物質が実用化されるまで、人間はちょっとした感染症で簡単に死んでいた。それでも昭和初期ぐらいなら、鼓膜切開で排膿するぐらいの治療はできたはずだが、相沢中佐は西洋医学はだめだと薬も拒否するほどだったので絶望的な状態になった。奇跡的に回復したのは、おそらく自然排膿が起こったのだろうが、中佐は〝国家改造〟を目指す若い「同志」たちが、〝霊感〟を誇る祈祷師に頼んだり、心からの看病をしたためだと信じた。また、中佐の危篤が伝えられると、深夜にもかかわらず、真崎大将まで病室に駆けつけて中佐を見舞った。回復後、こうした経過を知った相沢中佐は、〝同志〟の熱意と、上官の温情に感激した。

その〝同志〟と真崎大将が、永田鉄山軍務局長によって、粛軍と称して罷免されたのである。

実際には、真崎罷免を強硬に進めたのは閑院宮であり、『現代史資料（5）』の付録の月報に出ている田中清少佐の証言では「真崎のように最高の機密を外部や部下に、しゃべる奴（怪文書の情報源ということ）がいては軍の統制ができんから、クビを切れと、私達は永田さんにいうと、『実は大臣のほうが、どうしても切ると言って、私が逆に抑えるのに苦労しているのだ』と永田さんは闘志満々の林陸相に手を焼いていた。これがあの時の実情だ」という状況だった。

しかし、相沢中佐は、後述する「士官学校事件」で免官になった村中孝次と磯部浅一が書いた「教育総監更迭事情要点」という怪文書を読んで、永田少将が真崎罷免の張本人と信じ込んだ。これには三長官会議の出席者以外は知らないはずの事情が記されており、真崎大将自身が村中、磯部に秘密を漏らしたと考えられる。相沢事件に関する膨大な資料に目を通した鬼頭春樹は、真崎の側用人の役目をしていた平《ひら》野《の》助《すけ》九郎《くろう》大佐を通じて情報が流れたとしている。

とにかく、相沢中佐は、〝国家改造〟という〝大義〟以前に、恩人の仇討ちとして、永田軍務局長を斬らねばならないと決意した。すでに中佐は七月のうちに永田局長に面会して下調べを済ませていた。

樋口大佐を見送った翌日、八月十日、相沢中佐は家族一同と朝食を済ませて、赴任の挨拶のために上京すると言い残して福山を離れた。その腰にはとぎあげた軍刀がつるされていた。その夜は三重県の宇治山田（現伊勢市）で一泊し、暴風雨の中を伊勢神宮に参拝した。翌十一日夜東京に着き、明治神宮に参拝してその夜は親交のある西田税の家に泊まった。

中野雅夫は、『天皇と二・二六事件』のなかで、中佐が七月十八日に永田局長と面談したのち、湯河原の旅館で真崎甚三郎大将と寝食を共にして、永田殺害の教唆を受けたという説を紹介している。この夜の密談では、同じ中野による『橋本中佐の手記』によれば、相沢中佐は、真崎大将から、永田殺害のあとは引き受けると確約されたという。陸軍大将が後事を約したことで、単純な相沢中佐はこの口約束を信じ込んで凶行に及んだというのである。

真崎の教唆があったという説は、二・二六事件の特設法廷で真崎の裁判官を務めた軍法務官・小川関次郎の手記『二・二六事件秘史』（『現代史資料（23）』所収）にも出ているが、その日付までは明らかでない。鬼頭春樹は、原秀男ほか編『検察秘録二・二六事件』に「一〇年一月四日ごろ、（伊豆）長岡温泉に真崎大将を訪問し真崎大将より、八月異動に永田が退職せざれば彼奴《きやつ》を片付けねばならぬと相沢に云いたり」との記述を見つけた。鬼頭は、真崎が恩赦をほのめかしたと大胆な推理を展開している。五・一五事件の犯人たちも死刑になった者は一人もいない。相沢事件の時点よりはのちのことになるが、全員恩赦で出獄している。相沢中佐が真崎大将の恩赦の口約束を信じる気持ちになるのもあり得ないことではないだろう。

真崎の教唆の件はさておき、八月十二日午前九時半、相沢中佐は、陸軍省で、同省整備局長・山岡重厚中将を訪ねて台湾転任の挨拶を述べた。山岡中将は皇道派と見られている。相沢中佐が信頼する先輩であり、面識もある。山岡中将は、まあ少し話していけと椅子を勧めた。給仕が茶を持ってくると、中佐は、永田少将が軍務局長室にいるかどうか見てきてくれと頼んだ。山岡中将は、何の用事で永田少将に会うのかと尋ねた。「別に申し上げるほどのことではない」と答える。不穏な気配を感じた中将は、「下手なことを言うと真崎閣下に迷惑をかけるから注意せよ」と言った。山岡中将は、相沢中佐が雨靴のようなゴム長靴をはいているのも気になった。その日は台風一過の晴天で、朝から暑く、陸軍省は蝉時雨《せみしぐれ》に覆われていた。こんな日にゴム長靴は異様である。足首の少し上までの丈の半長靴である。左右側面にゴムが縫い込んであり、ぴったりと足にフィットする。かねて大蔵栄一大尉に預けてあったのをこの朝に西田宅まで届けてもらったのである。

　剣道は素足で行なう。素足のほうが靴を履くよりも滑りにくい。相沢中佐は、はだし感覚で足さばきができるこの半長靴を凶行の履物として選んだのであろうが、山岡中将はそこまで察することはできなかった。

　給仕が永田少将の在室を告げると、山岡中将は相沢中佐を引きとめようとした。まさか「青年将校」というにはほど遠い、分別盛りの「中年将校」が凶行に及ぶとは思わなかっただろうが、永田少将を詰問したりぐらいはしそうな気配を感じたのかもしれない。だが、中佐は、また帰りに寄りますからと言って部屋を出た。

　午前九時四十五分、永田少将は、軍務局長室で、東京憲兵隊長・新見英夫《にいみひでお》大佐と、兵務課長・山田《やまだ》長三郎《ちょうざぶろう》大佐と対座して、軍内の〝怪文書〟についての処置を協議しようとしていた。

　士官学校事件に関連して停職になった村中らが「粛軍に関する意見書」という怪文書を作成したのだが、この企図を憲兵特務はいち早く探知し、警務課長・森木五郎《もりきごろう》少佐に報告した。だが、皇道派だった森木少佐は何らの処置も講ぜず、新見隊長にも報告しなかった。七月中旬も過ぎたある日、憲兵特務は今取り押さえなくては配布されてしまうと森木課長に強く訴えた。その日の夕刻になって森木課長はようやく重い腰を上げて、赤坂憲兵分隊にこの印刷物の押収を命じた。しかし、憲兵隊が印刷所や、村中らの住居を急襲したときはすでに配布済みで残本わずか二、三冊であった。報告に接した永田局長は激怒した。東京憲兵の面目は丸つぶれとなった。ところが、当時は怪文書横行時代で、街には怪文書屋が繁盛していた。ある怪文書屋が、どこで手に入れたものか、この複製を始めた。この情報をつかんだ麹町憲兵隊は、その印刷所を襲って印刷したばかりの二百部を完全に押収した。新見隊長がこれを憲兵司令部に報告すると、城倉義衛《しろくらよしえ》警務部長は、隊長自ら陸軍省に報告することを勧めた。そこで、この日十二日朝、新見隊長はこの印刷物を持って山田長三郎兵務課長を訪れた。山田課長はこの話を局長室で永田局長とともに聞くことにし、永田局長は橋本群《はしもとぐん》軍事課長にも同席を求め、橋本課長の来訪を待っているところだったのである。

　軍務局長室は、他の部屋と同じく、夏なのでドアを取り払い、西部劇に出てくるような小さな観音開きのすだれ扉を入り口につけて風通しをよくしてある。その内側に衝立《ついたて》を置き、部屋の中に丸テーブルと椅子の応接セット、奥の壁際に局長用の事務机があり、永田少将はその机をはさんで訪問中の両大佐と対面していた。

　相沢中佐は、持ってきたトランクを入り口近くに置き、将校マントもいっしょに置いた。中佐は抜刀して無言のままつかつかと衝立の右側からはいった。入り口に背を向けた新見大佐には相沢中佐の姿は目にはいらなかった。中佐は右手の軍刀を斜め右下段に構え、左手は腰の横に上げ、軽く身をかがめて永田少将に走り寄った。抜き身を構えた相沢中佐を見て永田少将はとっさに椅子から腰を浮かせた。

永田少将の表情の変化と動作に、新見大佐が後ろをふり返ろうとしたときには、すでに永田少将は椅子を離れて新見大佐の左のほうに机をまわろうとしていた。相沢中佐は少将の椅子にへだてられながらも、机の左角から伸び上がるように少将に向かって軍刀を振り下ろした。

突然ありえない事態に襲われたとき、普通の人間はとっさに大声は出せないものである。士官学校時代から大声で号令をかける訓練を積んでいる軍人でもそうだったらしい。新見大佐は声も出せないほど驚愕した。相沢中佐の第一撃は、椅子が邪魔になって伸びが足りず、浅い傷を永田少将の背部に与えたに過ぎなかった。大佐は少将を追いかける中佐の腰に抱きついた。

「殿中の刃傷《にんじょう》」も「陸軍省内の刃傷」もありえないはずという点では同様であり、すぐには事態を呑み込めなかったのも同じだったろう。だが、「忠臣蔵」であれば、浅野《あさの》内匠頭《たくみのかみ》が組みとめられて「せめてもう一太刀」と残念がって、吉良《きら》上野介《こうずけのすけ》はひとまず助かるのだが、本事件の場合は違った。相沢中佐は剣道の達人だった。おまけに銃剣術では日本一とも評価されるほどの腕前だった。中佐は、左手で新見大佐の肩をつかみ、むしりとるように大佐を振り飛ばし、大佐に向かって一刀を浴びせた。刀はとっさにあげた新見大佐の左上腕に骨に達する傷を負わせた。新見大佐がよろめくと、相沢中佐は永田少将に突進した。少将は、背中に十センチ近い傷を負って、よろめきながら隣の軍事課長室に通じるドアに寄りかかるようにして、ノブをつかんで開けようとしていた。

刀は切っ先から三寸つまり十センチほど手元に近い部分が一番よく切れるようにできていて、この部分を「物打ち」という。剣道家は、感覚的に間合いをはかって、この「物打ち」で相手を斬るように訓練を積んでいる。だが、「物打ち」で斬ろうとすれば、この状況では切っ先がドアにぶつかってしまう。ぶつからないようにすれば、深手を負わせることはできない。相沢中佐は、軍人らしく、剣道よりも銃剣術のほうの訓練に力を入れていたらしい。中佐は、とっさに刀身の中央を左手でつかみ、右手で柄《つか》を持って、銃剣術の要領で少将の背部を突き刺した。銃剣ではなく、刀を持っていることを忘れて刀身の中央をつかんでしまった中佐の左手は、走る刃《やいば》で骨に達する切傷を負った。そのままぐっと腰を据えて永田少将の肺に軍刀を突き刺し、刀は永田少将の体を突き抜けてドアに達した。それから、トンと一挙動で刀を引き抜きながら後退した。

山田大佐は、児島襄《こじまのぼる》著『天皇』では、この時点で危急を告げるべく部屋を走り出たことになっている。福田和也著『昭和天皇』では、立ち会うことになっているのになかなか来ない橋本群軍事課長を山田大佐が隣の軍事課長室に呼びに行って、ちょうど相沢中佐がはいってきたときは不在だったことになっている。松本清張著『二・二六事件』では、山田大佐は相沢中佐と入れ替わりに部屋を出ていったことになっている。松本書では山田大佐が相沢中佐がはいってきたのに気づいたかどうか不明とされている。山田大佐自身が憲兵隊で証言した記録では、局長室と軍事課長室を結ぶドアは二つあり、襲撃された永田局長が開けようとしたのは窓に近い方のドアであり、山田大佐は廊下に近い方の北側のドアから課長室にはいったので、廊下にいた相沢中佐とは顔を合わせなかったことになっている。いずれが真相かは不明だが、山田大佐の挙動は、のちに発行された「怪文書」では「凶変《きょうへん》に狼狽《ろうばい》し、周章《しゅうしょう》として此処《ここ》を逃げた」とされ、嘲笑の的にされることになる。

相沢中佐が凶行を終えたころ、新見大佐は左上腕に骨に達する重傷を負ったが、片膝をつきながら右手で指揮刀を抜こうと努力していた。永田少将は、相沢中佐が刺突の一刀を引き抜くと、ビュッ、と背中から鮮血を噴き出して、二、三歩よろめくように歩いて応接セットのテーブルにつかまる形でテーブルとともに床に倒れた。相沢中佐は、血がしたたる左手で刀身を握ったまま、見事な銃剣術の残心の構えをとっていたが、少将が倒れたのを見て近づいた。左手を刀身から離して、両手で柄を握って少将のコメカミにぐさりととどめの一撃を加えた。相沢中佐は、悠々と軍刀を鞘に納めて、左手の傷口を自分のハンカチで縛った後、部屋を出た。

七　相沢事件の波紋

相沢中佐は、そのまま山岡中将の部屋に戻り、返り血と左手の傷の血で軍服を染めた姿に驚く中将に平然と告げた。

「ただいま、永田閣下に天誅《てんちゅう》をお加えして参りました」

仰天した山岡中将は、すっかりうろたえたらしく、「これからどうする」などとつまらぬ口をきいた。驚くことに、相沢中佐は落ち着き払って、

「これから偕行社へ行き、買い物をして、台湾に赴任します」

と答えた。

なにしろ、永田軍務局長殺害は、中佐にとっては〝正義〟の「天誅」である。誰はばかることもないつもりでいる。あるいは、中野雅夫の記載が本当で、真崎大将の口約束を信じ込んで、本気でご嘉賞にあずかるつもりでいたのかもしれない。

山岡中将は、まだ事態がよく呑み込めていないらしく、とにかく手当てをしろ、医務室へ行け、と言った。

「失礼します」

相沢中佐は、マントを着て右手にかばんをつかむと、血がたれる左手を胸のあたりにあげて一礼した。

中佐の凶行は時間にすればものの三分足らずであった。しかも、斬りつけた中佐も、斬られた永田少将も、さらに新見、山田両大佐も、終始無言であったので、新見大佐が、相沢中佐の退去後、軍事課に走って知らせるまでは誰も気がつかなかった。

新見大佐は、左腕を血に染めて、右手に指揮刀を抜いて軍事課室に駆け込むと「局長室が大事だ、大事だ」と叫んだ。居あわせた課員たちは、よもや大日本帝国陸軍の本拠に日本刀一本で殴りこむ敵がいようとは思わなかったらしく、「大事だ」というのを「火事だ」と聞き違えて、いっせいに腰を上げた。火事のときに、何か大事なものを持ち出さなくてはと、とっさに枕をつかんで走り出すというのは、よくある笑い話だが、国家危急の時に機敏に対応をするように訓練しているはずの軍人も、あわてたときには同じらしい。課員の吉田《よしだ》喜八郎《きはちろう》少佐は、火事だったとしても何の役にも立ちはしないであろう、スズリ用の小さな水入れをつかんで走り出した。

やっと永田少将の絶息が確認され、憲兵隊が駆けつけたが、まだ犯人相沢中佐は逮捕されていなかった。駆けつけた東京麹町《こうじまち》憲兵分隊の特高主任・小坂慶助《こさかけいすけ》曹長も驚いた。場所は、帝国軍人ばかり集まっている陸軍省である。そこで白昼軍務局長が殺害されたら、犯人はすでに逮捕されて、半殺しになり、悪くすれば憲兵隊の取調べもすぐにはできない状態では……と心配してきてみれば、省内にはあちこちに将校がたむろして私語しているだけである。

「憲兵ですが、犯人はどこですか」

と叫んだが、誰も知らぬ様子である。どうやら、まだ犯人は省内にいて、おまけに誰にも阻止されずに動き回っているらしい。上官殺害の現行犯が堂々と凶行現場を平気で歩き回っている。こんな馬鹿げたことがあるものだろうか？　小坂曹長は、疑問を感じつつも、汗だくで探し回っていると、暑いのにマントを着て右手にカバンをさげて、血が流れる左手を胸のあたりにあげた長身の将校が歩いてきた。直感的に犯人と見定めて、あとを追うと、その将校は、軍事調査部長・山下奉文《やましたともゆき》少将に出会い、挨拶した。

「閣下、相沢です。台湾に赴任いたします」

中佐は提げていたトランクを廊下に置き、右手をさしのべて少将と固い握手をした。

「それはご苦労」

山下少将は、一言そう言って、すぐ前の階段を下りていった。

小坂曹長はまたしても当惑を感じた。凶行があったことはすでに省内に知れわたっている。山下少将も承知のはずである。相沢中佐の異様な姿を見れば、犯人だとまで思わなくとも、なにか不審は感じるはずである。それなのに、山下少将はまるで何事もなかったかのように立ち去った。小坂曹長は、ますます異様さを感じて、軍刀と拳銃を持った犯人を激昂させせないよう、手の傷のために病院に案内すると言って、中佐を自動車に押し込み、フルスピードで九段下の憲兵隊司令部に向かった。

小坂曹長の感じた異様さは、第一に、丸山《まるやま》眞男《まさお》の言う「タコツボ」意識に基づくものであったろう。軍人の犯罪を捜査し犯人を逮捕するのは憲兵の役目であって、陸軍省に勤務する軍人の役目ではない。自分にかかわりのないことには手も口も出さないのが官僚として無難な人生を送る処世術である。

第二に、それは、「アジア的」な、身内をかばう組織体質に基づくものであろう。「アジア的」社会の道徳律では、合法か違法かよりも身内かヨソモノかのほうが優先する。身内の不祥事を見たら、反射的に考えるのは、不祥事を隠そうとすることである。上官が連隊出入りの商人と結託して物資の横流しなどしているのを見つけたとすれば、とりあえず見て見ぬふりをするのはごく当たり前の処世術であった。兵舎で上官に対する暴行事件が起きたとすれば、法的には軍法会議を開かなくてはならないが、普通は「犯人」に対する凄惨なリンチが行なわれて、事件はなかったことでおしまいになる。だが、上官に対する反抗であれば、「アジア的」上下序列秩序から考えても許されることではない。兵隊が将校に殴りかかろうとしたのを見たのであれば、そばにいた将校の反応はこんなものではなかったはずである。将校同士の事件であったから、どちらを身内と考えるか即座に判断しにくかった面があったのであろう。

第三に、それはいわゆる「下剋上」の雰囲気に基づくものであったろう。もし積極的に相沢中佐を取り押さえる行動を起こした場合、皇道派から反対勢力とみなされて、へたをすると次の「襲撃対象」

のリストに載せられることになるかもしれないといった心理もはたらいたのであろう。

当時の陸軍の反応としては、たいがいの不祥事ならもみ消してしまうところだろうが、これは陸軍省の実力者に対する白昼公然の殺人事件である。もみ消せるような事件ではない。事件は新聞でも大々的に報道されたが、特に〝国体明徴〟を看板にする〝怪文書〟をも刺激した。それら〝怪文書〟で〝卑怯者〟扱いされたのは、凶行の際に局長室に居合わせた山田大佐である。

山田大佐は事件後、兵器本省付となり、ほとんど自宅で閉居生活を送っていたが、十月五日、自宅二階で自決した。山田大佐は、娘二人が登校したあと、夫人を外出させ、女中が洗濯をはじめるのを見定めて、二階八畳間で軍刀で割腹し、次いで頚動脈をかき切って絶命した。

「永田軍務局長事件当時の行動に関し疑惑を受くるものありしは、全く不徳のいたすところにしてここにその責めを負うて自決す」

という遺書は、その前夜に用意されていたが、宛て名はなかった。

山田大佐がとがめられるなら、憲兵隊が来るまで相沢中佐を陸軍省内で野放しにした「その他大勢」の軍人たちの無為もまたとがめられるべきであろう。だが、こういうときに「アジア的」社会の無責任さは暴威をふるう。「アジア的」社会では、重大犯罪の場合、犯人の親族だとか、犯人の担任教師だったとかいうような、犯罪とは直接の関係のない「関係者」にまで有形無形の「世間」からの圧力が加わるものである。山田大佐を自決に追い込んだ〝怪文書〟の力も、こうした「世間」の力と同質のものと言うべきであろう。山田大佐は謹直であるだけに、無責任な〝怪文書〟の誹謗に耐えられなかったのだろう。

山田大佐邸に弔問に駆けつけた人々は、

「ペンは剣よりも強しというが、その通りだなあ」

と、うわさしあった。

八　国体とは何か

いっぽう、相沢中佐を逮捕した憲兵隊では、中佐は発狂したと考える者が多かった。相沢中佐は、

「自分の行動は明治大帝のご遺訓に添いたてまつり、皇軍軍紀の振作《しんさく》（ふるいおこさせること）にある。正義に基づく行動は法律を超越するのだ」

などと語り、早く台湾に赴任しなければならない、こんなところにグズグズしてはおられぬ、という。


反乱とか、部隊を使っての罪以外の、一個人による罪のうちでは、帝国陸軍で最高の重罪にあたる上官殺害の罪を犯したというのに、およそ犯罪意識の自覚が見られない。そうなると〝狂人説〟が中佐の犯行に対する最も便利な解釈となる。

林陸相は、犯行の翌日、軍紀振粛《しんしゅく》（ゆるんだものをひきしめ整えること）を強調した訓示を全軍に布告し、さらにその翌日八月十四日には、閑院宮参謀総長、渡辺錠太郎教育総監との三長官会議で軍紀粛清を申し合わせた。だが、実際には、事件によって軍紀は粛清の方向には向かわず、かえって情

勢は険悪化の方向に向かったのである。

相沢事件は〝革新〟ムードを強化する方向に働いたのである。軍紀振粛のために有効なのは、当時の軍人が思いつく方法としては、〝国体明徴〟しかなかったからである。

「国体」とは何か？　戦後の日本人は、「国体」といっても「国民体育大会」の略称としか思わないかもしれない。

立花隆は、「国体という言葉は、（略）使う人によって、使うコンテクスト（文脈）によって、曖昧なふくらみを持つ言葉だった[1]」と述べている。だが、曖昧な言葉というものは、使う人や文脈について徹底的に検討すると、次第に曖昧でなくなるものである。「国家とは何か」について現在の世界最高の水準で解き明かしている滝村は、「国体とは何か」についても、「曖昧」で済ましてしまう立花とは異なって、優れた論理展開を見せている。彼の著作『北一輝』を参考にして「国体」について解説しておこう。

美濃部達吉博士は、『日本国法学』で「国体とは国家機関の組織に基づく国家の種類をいう」と規定している。これでは「国体」と「政体」とは同じことになってしまう。

美濃部博士以前の憲法学説の主流であった天皇主権説の穂積八束《ほづみやつか》博士は、「国体」と「政体」を峻別し、「国体」は統治権の主体如何《いかん》の概念で、「政体」は統治権の行動の形式如何に関わる概念であるとしている。つまり、君主国と民主国は、統治権の主体すなわち国体が異なる。ところが統治権の主体が君主である点で、国体は君主国として同じでも、立憲国と専制国は、統治権の行動の形式すなわち政体が異なるというのである。

美濃部博士はこれに対し、君主国のうちに立憲国と専制国を区別するのは、政体の細分化にほかならず、これをまったく別の範疇とする理由がないと反駁した。アリストテレス以来、政体は、統治者の数に応じて、統治者が一人なのが王制、少数者によるのが貴族制、多数人民によるのが民主制、と三つに区分されている。そして、国家は国民共通の利益を目的として運営されるのが正しいあり方で、この正しいあり方から逸脱して統治者が勝手を押し通すようになった場合、王制は僭主《せんしゅ》制、貴族制は寡頭《かとう》制、民主制は衆愚《しゅうぐ》制、というようにそれぞれ堕落してしまうとされている。美濃部説で言う立憲君主制がアリストテレスの言う本来の王制であり、美濃部説で言う専制君主制がアリストテレスの言う僭主制である。普通の論理能力を備えた人間なら、国の形として、君主国と民主国を大別し、君主国を細分化して立憲君主国と専制君主国に区分するという美濃部説のほうが合理的と思うのが当然で、美濃部説が勝つことになった。

だが、美濃部説には、専門的憲法学者以外の〝俗流〟国体論者からの猛烈な批判と糾弾がつきまとった。美濃部博士は、国体を政体と同一視して、「国体」という用語は憲法学から駆逐してしまおうとしたのだが、どうやら国体論者にとっては、「国体」は命と引き換えにしても守らなくてはいけないものらしいのである。そこで彼は、「国体」概念は憲法学上の範疇からは周到に排除した上で、これをもっぱら「民族精神」という「倫理上の観念」にしてしまった。

だが、「民族精神」をどうとらえるかもまた難しい問題である。日本語や日本人の服装だって時代によって変化してきた。ところが、「国体」論者は、日本の「国体」は神武天皇以来変化していないと主張しているのである。天皇が家長的君主として日本の統治者であった古代も、朝廷が南朝と北朝と二手に分かれて争った時代も、三百諸侯が家長君主としてそれぞれの藩の統治者であった幕藩体制時代も、明治的立憲制が布かれても、変化しない「国体」とは何なのか？

滝村は、見事にこの謎に答えている。

「わが国においては、ときどきの〈経済的社会構成〉上の変化や、それに対応した〈政治的社会構成〉上の直接的な形態とは一応無関係に、〈アジア的デスポティズム〉に特有の構造が、――当然のことながら極めて形式構造的・形式制度的に――古来一貫して継承・堅持されており、この意味で日本国家の歴史的な実存形態を〈アジア的デスポティズム〉として把握すれば、〈国体〉概念は日本国家の特質たるべき〈アジア的デスポティズム〉にそのまま対象的に対応させることができる[2]」

つまり、「国体」とは、国民全体としての気風・風俗であり、神武以来変わっていない日本の「国体」とは、目上の人に盲目的に従う日本的国民性そのものであり、天皇制イデオロギーの根本にほかならない。

（1）立花隆『天皇と東大』
（2）前掲滝村著『北一輝』

九　国体の本義

若槻泰雄は、その著『日本の戦争責任』に、一九三七（昭和十二）年三月発行の文部省編纂の『国体の本義』を引用し、いかにその説明が支離滅裂で非合理的かを示している。若槻たち当時の学生は、これをうやうやしく拝承させられ、暗記し、試験され、かつそのように行動することを要求された。

その諸言に続く出だしの部分は以下の通りである。

「大日本帝国は万世一系の天皇、皇祖《こうそ》の神勅《しんちょく》を奉じて永遠にこれを統治し給う。これ、我が万古不易《ばんこふえき》の国体である。而《しか》してこの大義に基づき、一大家族国家として億兆一心聖旨を奉体《ほうたい》して、克《よ》く忠孝の美徳を発揮する。これ、我が国体の精華とするところである。この国体は、我が国永遠不変の大本《たいほん》であり、国史を貫いて炳《へい》として輝いている。而《しか》してそれは、国家の発展と共に弥々《いよいよ》鞏《かた》く、天壌《てんじょう》（天地）と共に窮《きわま》るところがない。我等は先ず我が肇国《ちょうこく》の事実の中に、この大本が如何に生き輝いているかを知らねばならぬ」

この文章を旧制中学生が理解できるとは思えない。これを暗記させられた若槻も、今でもわからないと言う。

たぶんこれを書いた著者本人もわからずに書いたのだろう。これを暗記して唱えさせることは、つまり、わけのわからないことに何も考えずにしたがう訓練である。「わけのわからないことに盲目的に従うこと」が日本の「国体」の本当の意味なのである。『国体の本義』というタイトルは実に的を射たタイトルと言うべきであろう。

二・二六事件に大部隊を引き込むことができたのも、この国体のゆえである。当時の日本の民族精神は「アジア的」段階にあり、目上の人の言うことに盲目的に従う道徳観が支配していた。だから青年将校は部下を違法行為の道連れにすることが可能だったのである。日本国民の間に近代思想が根づいていたら、兵士は自分の行為が合法か非合法か自分で判断した上で行動したはずであり、いかに上官が命令しても、多数の兵士を違法行為に引き込むことは不可能だったはずである。

戦後も、天皇制反対など唱えている学者も、自分の家庭内や、教室内では「小天皇」としてふるまって、妻や教室員たちに盲従を強いているのを見れば、日本の「国体」は戦後も護持されたと言えよう。この「国体」がゆらいでくると、目上の人に従わない部下が増えることになり、会社も学校も近所づきあいも、日本社会はすべてギクシャクしてくることになる。それを避けるために、「国体」論者は何が何でも「国体」を護持しなくてはならないという気になるのである。

「国体明徴」とは、この天皇制イデオロギーを狂信のレベルにまで徹底し、上官の言うことには何も考えずに服従すること、端的に言えば、「親分」が言うことなら「カラスも白い」と言わなくてはならないところまで徹底化することである。

第一次大戦後、日本でもデモクラシーの潮流が起こり、軍隊でも「自覚に基づく服従」が唱えられたのだが、日本の「国体」は変わらなかった。だから、各人の自由とは、各人が小デスポットとなることを意味し、誰も誰の言うことも聞かず、自分の決定によって何が起ころうと誰も責任を負わない状況が現出するようになった。この状況を引き締めるには、結局、各人が小デスポットとしてふるまうことをやめさせて、直属上官に何も考えずに服従するよう強制する手段しか、当時の軍関係者には残されていなかったのである。それがつまり「国体明徴」である。

天皇制イデオロギーが、国家宗教として、狂信の段階に達すれば、いかなる個人的自由意志の存在も許されない。「天皇制打倒」を公言する共産党ばかりでなく、すべての自由主義的潮流も、天皇以外の権威を認める宗教も、ことごとく残虐な弾圧をこうむることになったのは、こうした仕組みによるのである。

第四章

助走

将来の利益のために現在の満足を断念するという習慣は煩わしいものであり、さまざまな情熱がかき立てられると、社会的行動の慎重な制御は耐え難いものとなる。そのような場合に、その制御をはねのけてしまう者たちは、内心の葛藤が止むことから新しいエネルギーと権力感とを獲得する。そして彼らはついには悲運の最期をとげるかも知れないが、それまでの間は一種の神のような昂揚感――偉大な神秘家たちには既知のものであろうが、ただ平凡な有徳のひとびとにはけっして経験し得ないような昂揚感――を享受するのである。

（バートランド・ラッセル『西洋哲学史3』）

いよいよ始まった。（略）勇躍する、歓喜する、感慨たとえんものなしだ。（同志諸君、余の筆ではこの時の感じはとても表し得ない。とにかく言うに言えぬほどおもしろい、一度やってみるといい、余はもう一度やりたい。あの快感はおそらく人生至上のものであろう）

（磯部浅一獄中遺書――河野司編『二・二六事件』所収）

一　士官学校事件

相沢事件は、皇道派青年将校に大きな影響を与えた。われわれも負けてはいられないという感情をもたらしたのである。

憲兵隊は、要注意人物について、情報収集は行なっていた。一九三三（昭和八）年八月のある調査には、要注意将校五十四名がリストアップされ、のちに重大な動きをする青年将校はたいてい含まれていた。それは特に東京に多く、栗原安秀《くりはらやすひで》、香田清貞《こうだきよさだ》、安藤輝三《あんどうてるぞう》、磯部浅一《いそべあさいち》、村中孝次《むらなかたかじ》ら、二・二六事件の中心人物は全員リストアップされていた。彼らは不穏な動きがあるとしてマークされていたにもかかわらず、大部分がクーデターの危険の高い東京にいた。しかも、彼らの多くは、皇道派の柳《やな》川平助《がわへいすけ》中将が率いる第一師団にいたのである。昭和七年八月に皇道派の柳川平助中将が陸軍次官になって、人事局の補任課長に腹心の小藤恵《こふじさとし》大佐を任命した。人事局補任課長とは全陸軍の人事をつかさどる地位である。小藤大佐は自己の職権を利用して、数年にわたる人事異動ごとに皇道派中の最も熱狂的な尉官《いかん》を在京師団に集めた。とくに第一師団の第一、第三連隊に集めていた。相沢事件が起きたときには、柳川中将が第一師団長で、小藤大佐はその指揮下の歩兵第一連隊長になっていたのである。

彼ら青年将校は、陸相だった荒木中将を呼び捨てにするような〝親しい〟間柄だった。軍の首脳とこれだけ親しくしている青年将校を、直属の上司がとがめるには非常に大きな心理的抵抗を感じるものである。彼らは〝大きな顔〟をし、軍の統制は著しく緩んだ。

しかし、彼らが〝デカイ面《つら》〟をするのをこころよく思わない人物がいた。彼らより陸士の卒業年次で数年上の辻政信《つじまさのぶ》士官学校生徒隊中隊長である。高宮太平の『軍国太平記』や立野信之の『叛乱』では、辻を中隊長に起用したのは陸士幹事だった東条英機少将だったことになっているが、当時軍事課高級課員だった土橋勇逸《つちはしゆういつ》中佐の回想では、生徒隊長の北野憲造《きたのけんぞう》大佐から、当時無天ばかりだった中隊長に天保銭組から中隊長を取りたいと相談があり、土橋中佐が三人の大尉に目星をつけて説得したところ、辻大尉だけが承諾したので辻が中隊長になったのだという。

辻大尉は、相沢事件の前年の昭和九年十一月十九日、村中大尉ら青年将校と陸軍士官学校の士官候補生数名がクーデターを計画しているという情報を憲兵隊にもたらした。

その計画は、臨時議会開会（十一月二十八日）の前後に、斎藤前首相、牧野内大臣、岡田首相、鈴木侍従長、西園寺公爵ら重臣と、警視庁を襲撃し、さらに第二次計画として一木喜徳郎《いちききとくろう》枢密院議長、高橋是清前蔵相らを襲撃するというものだった。クーデター後は荒木・真崎両大将による軍政府を樹立し、彼らが乗らなければ、左官級の少壮軍人である鈴木貞一大佐、または石原莞爾大佐を立てるという計画だった。

軍法会議の結果は証拠不十分で不起訴となった。ただし、行政処分として、村中、磯部ら将校は停職、関係した士官候補生は退校となった。証拠不十分なままに事件の情報を寄せた辻政信大尉は中隊長を辞めさせられた。

これが「士官学校事件」または「十一月事件」と呼ばれる事件の概要であるが、この事件の真相は不明である。皇道派は、これは辻がスパイを使ってでっち上げたものだと非難した。たとえ具体的クーデター計画がなかったとしても、彼らが普段から国家改造の思想を軍内に広めていたことは確かで、政治活動を禁じられている軍人としては、これだけでも停職処分どころか懲戒免職でもおかしくないところだが、ほとんど内乱予備罪と言うべき「三月事件」や「十月事件」の関係者が処分らしい処分なしだったのだから、彼らが天保銭組に甘くて無天組に厳しい「片手落ち」の処分と憤ったのも無理もないところではある。

磯部浅一

翌昭和十年二月、村中、磯部らは辻らを誣告罪《ぶこくざい》で訴えた。このとき、村中らはまだ獄中にいたのだが、その告訴状には、参謀本部第四課国内班長・片倉衷《かたくらただし》少佐や辻大尉の動きが詳細に書かれていて、在監中の村中らがどうして知りえたのか不思議である。「外部からの通報者の資料によったとしか思えない(1)」と松本清張は外部協力者の存在を推定している。当時憲兵司令部付の憲兵大尉だった塚本誠は、「憲兵部内の極少数の特定者」の誰かが「被拘禁者（村中ら）と直接、間接に密接不可分の関係にあるように思えた」と、その回想記に書き記している(2)。

軍法会議の結果が不起訴だった以上、誣告罪の訴えを取り上げるのがスジというものだろうが、村中・磯部の告発は黙殺された。そこで彼らは、五月に陸相と軍法会議長官宛てに告訴審査促進の上申書を出した。それでもらちがあかないと見るや、七月、軍首脳に激しい衝撃を与えた既述の「粛軍に関する意見書」を出した。これは激しい統制派非難の怪文書で、その結果二人は八月に免官処分となったのである。彼らの免官とともに真崎総監も更迭され、これが相沢事件の引き金になったのである。そして、「中年将校」の相沢中佐に、〝若い者〟が負けてたまるかという意識が、二・二六事件につながっていく。

免官になった村中と磯部は直ちに生活に窮した。軍事以外のことを知らない〝戦争屋〟の彼らがほかの商売で収入を得ることは困難である。しかも、なかば公然と憲兵の尾行がついている「危険人物」である。彼らを雇うような酔狂者はいない。いきおい、彼らは〝青年将校活動〟で生活の糧を得ようとする。つまり、「同志」の募金や右翼の活動資金のおすそわけで収入を得るしかない。仕事がないのだからヒマはいくらでもある。彼らの免官は「虎を野に放つ」結果となった。

血盟団事件などの右翼テロに恐怖した三井財閥では、北一輝らに金を出して情報を取る一方、青年将校の襲撃が三井に直接向かわないよう工作した。昭和七年の血盟団事件で三井財閥理事長だった団《だん》琢磨《たくま》が殺されたあと、三井合名の筆頭常務理事となった池《いけ》田《だ》成彬《しげあき》は、北に対して半年に数万（大谷の『昭和憲兵史』では一万円）の生活費を支給していた。昭和十六年当時の巡査の初任給は四十五円だから半年で数百円に過ぎない。総理大臣の年俸が八千円だった時代である。半年数万円とは、三井財閥からすればスズメの涙でしかないとしても、一個人の情報料としては破格である。いかに池田らが三井の防衛のために青年将校と周辺の右翼の動きについて情報を得たがっていたかがわかるし、また北情報の確度の高さがいかに池田に評価されていたかがわかるであろう。北の憲兵隊での供述によれば、実際、青年将校は当初池田成彬も襲撃対象に加えようとしたのだが、北が「やむを得ざる者以外はなるべく多くの人を殺さないという方針」をとるようアドバイスしたために襲撃対象とされるのを免れたというから、池田にしてみれば北への保険料の支払いは高価ではなかったとも言えよう。

　北はこの中から西田税に毎月数百円を与えていた。西田はこの中から幾分かを失職中の村中や磯部らに与えていた。さらに自分のところに遊びに来る青年将校にもときどき小遣いを与えていたから、北に比べて西田の生活は切りつめられていた。北が昭和十年十月に中野桃園町の豪壮な邸宅に引っ越してぜいたくな暮らしぶりをしていたのとは大きな違いである。北は三井の池田からばかりでなく、政界の久原房之助《くはらふさのすけ》などからも金をもらっていたが、この収入の九割以上を自分のふところに入れていた。松本清張は、この時期の北は革命家というよりは政界黒幕を志していたと見ている。三井財閥が提供した資金は、北から西田を通じて村中らに流れ、青年将校運動の「専従者給与」となったわけである。

（1）松本清張『二・二六事件』
（2）塚本誠『ある情報将校の記録』

二　相沢公判

相沢事件の責任をとって、昭和十年九月五日に林陸相が辞任したあとの後任陸相には川島義之《かわしまよしゆき》大将が任命された。川島陸相は中立系で、皇道派を穏やかに退かせるにはもってこいの人事といえた。だが、川島陸相には両派が自派の都合のいいように利用しようとする思惑をうまく利用して部内を統率していくだけの力量はなかった。彼の陸相就任は統制派、皇道派の暗闘を激化させただけだった。

猖獗《しょうけつ》をきわめた軍部による機関説攻撃は昭和十年十月末にはウソのようにぴたりと鎮まった。これは岡田首相が政治的手腕で陸軍を説得したのでも懐柔したのでもない。まったく陸軍の派閥争いの事情からこのような奇現象が生じたのである。陸軍が天皇機関説であまりに岡田内閣を追いつめると、政友会の策動もあって、内閣総辞職は必至となる。それで皇道派内閣ができるならいいが、後継内閣には宇垣内閣の可能性が高かった。もし宇垣内閣が成立すれば、同系の寺内寿一《てらうちひさいち》大将を川島大将の後任陸相にもってくるであろう。そうなると長州閥の生き残りの寺内大将は、これまで長州閥が冷や飯を食わせられた報復感情からも、宇垣閥の復活のために、統制派、皇道派の主だったところを喧嘩両成敗の形で予備役編入あるいは左遷する人事を断行するかもしれない。これを荒木、真崎らは危惧したのである。宇垣内閣成立よりは、岡田内閣の存立を助けて皇道派の温存を図ったほうがいい。

この時分から荒木大将の機関説排撃態度が豹変してしまった。荒木大将は「機関説問題は政府の第二次声明で済んだ。この辺のところでやめたほうがよい」と言いだしたのである。機関説攻撃は、まったく軍部の派閥争いの道具、政界では倒閣の道具として使われていただけだったわけである。だが、上層部は自分の思惑で随意に攻撃をしたりやめたりできるとしても、下級の者は純真に「正論」を信じていた。すでに「正義」の熱情にとりつかれてしまっていた青年将校たちは、上層部が「不正」に対して冷淡になっても、――というよりは、大勢が「不正」を見過ごす方向に向かっているという危機感のゆえに――「正義」のために決起するのである。つまり、二・二六事件は機関説事件の収まり方に対する大反撃でもあったのである。

昭和十年暮れには、第一師団が翌年三月に北満に移駐することが師団内で周知の事実となっており、青年将校も知っていた。第一師団には皇道派青年将校が集中していた。師団長の柳川平助中将自身国体絶対信者であり、国体明徴の革新運動に挺身することは第一師団では公認も同然であった。だが、移駐すれば首都でのクーデター計画は不可能になる。しかも、この時期に相沢事件の公判が行なわれていて、皇道派は公判を政財界・統制派軍閥の腐敗を暴露する機会ととらえ、殺害された永田軍務局長は悪逆非道の奸物であるかのように宣伝していた。売れる記事を書きたてるのが商売の各新聞も、裁判で暴露される統制派の「陰謀」を報じ、皇道派の宣伝機関と化した観を呈していた。ところが、二月十二日に裁判が非公開となって、皇道派にとっての絶好の宣伝の場が失われることになった。相沢裁判を通じて皇道派の立場を強化しようとしていた目論見がくずれたわけである。

したがって、青年将校たちは、第一師団の満州移駐前に決起しなくてはならないとあせった。この思考法は、のちの日米開戦のときと同じである。つまり、〝客観的情勢〟が決起あるいは開戦を要請しているから、主体の条件を無視して〝客観的情勢〟に合わせて行動するというパターンである。こういう考えを実行に移せば、当然のことながらうまくいかない。それでも実行してしまうのは、ルソーの言う、中世キリスト教徒の特徴、「自分の努力が成功するか失敗するかについてはまったく無関心である。自らとがむべきことが何もないかぎり、この地上では万事うまくいこうがいくまいが、かれにとってどうでもよい[1]」というのとそっくりである。

もはや日本経済は好転し、農村不況もおさまっていた。失業率は、五・一五事件が起こった昭和七年が最高で六・八八%であったが、二・二六事件が起こった昭和十一年には四・三五%に下がっている。農家の窮乏も、米価で見れば昭和六年の一石十六・五二円から昭和十一年には二十七・七円に上昇し、繭価《けんか》も昭和六年の百貫あたり二百八十三・九円から昭和十一年には四百六十六・四円に上昇している。貿易面でも、昭和十一年の輸出は昭和六年の二・四倍近く、輸入も二・二倍に増えている。すでに社会不安をもたらすような経済的困窮はおさまっていたのである[2]。

二・二六事件の六日前の第十九回総選挙でも、親軍的な政友会は二百四十一議席から百七十一議席に議席を減らし、軍と距離をおいている民政党は百二十七議席から二百五議席に躍進した。政党の腐敗で軍に改革のエネルギーを期待した国民も、軍の専横に嫌気がさしてきていたのである。青年将校は重臣たちを国民の敵と思いこんでいたが、国民のほうでは軍部離れを起こしていたのである。だが、そんなことはもうどうでもいい。狂信的青年将校にとっては、自分が信じる「正義」を貫くことしか頭になかったのである。

青年将校運動の中心人物の一人、大蔵《おおくら》栄一《えいいち》大尉は、

「おれがあの運動にはいったのは、おれの連隊長に大家徳一郎という、とんでもない人間がいたからだ。大家毒一郎といわれたこの連隊長の、ごう慢、非常識、無慈悲な態度に士官候補生として陸軍にいだいていた夢がいっぺんにふきとんだ。陸大出の連隊長に代表される軍上層部に、ことごとにたてつくことを決心した。だからなぜ私が青年将校運動をやったかというと、むずかしい理論などない。ただ一言、反骨である」

と述べている。農民の窮迫をよそに腐敗を深める財閥や政治家への義憤どころか、ほとんど私怨と言うべき感情によって過激運動に加わった将校もいたわけである。

大谷敬二郎は、

「二・二六発起は、真崎教育総監の追放から維新戦の戦端が開かれ、相沢事件の刺激により、維新本隊たる青年将校が結集されて一斉に火ぶたが切られたもの、しかして、その攻撃目標は（略）非維新勢力たる現軍中央部に向けられたものであった」

と、農村窮迫問題よりも、軍内の派閥抗争が主たる原因だったと見ている。

（1）ルソー『社会契約論』

（2）坂野潤治『改訂版　日本政治史』より。

三　急進論

相沢裁判が非公開となったあと、善後策を話し合うため、昭和十一年二月十二日夜、青年将校たちは竜土軒《りゅうどけん》で会合した。歩兵第一連隊と歩兵第三連隊の敷地は通り一つをへだてて接している。この通りに竜土軒というフランス料理店ができたのは明治三十七、八年ごろのことである。ここには田山花袋、島崎藤村といった文学者が集まった。またのちには北原白秋、木下杢太郎、上田敏、小山内薫などが集まった。それが、この時期には近代文学の自由主義的雰囲気とは縁遠い、青年将校のたまり場になっていたのである。

十二日夜に竜土軒に集まったのは、村中孝次、磯部浅一、安藤輝三大尉、野中四郎大尉、栗原安秀中尉、丹生誠忠《にうよしただ》中尉、香田清貞大尉、新井勲《あらいいさお》中尉など計十七名、歩兵第一連隊（歩一）、歩兵第三連隊（歩三）の目ぼしい青年将校がほぼ全員集まった。会議の詳細は不明だが、村中、香田、磯部らは協議の推移に不満だった様子であり、とくに狂信的なことで知られた栗原などは開始後二十分で中座したことが憲兵報告から知られる。散会後に安藤大尉ほか三名が残って協議した。実は、このとき、安藤と磯部らとの間で激論が交わされていたのである。

栗原や磯部などは、最初から公判と実力行使とを区別し、公判は軽視しないまでも、実力行使を主眼としてその計画を着々と進めていた。磯部は、実力行使を決意して、前年十二月ごろから軍上層部の態度を見極める情報収集活動をしていた。武力行使を決意した以上、青年将校の決起に対して、軍中央部がこれの鎮圧に出るか、好意的中立を守るか、積極的に応援するかは大問題である。十二月に丸亀の歩兵第十二連隊から小川三郎大尉が上京してきたので、磯部は小川大尉と同道で、陸軍次官・古荘幹郎《ふるしょうもとお》中将、軍事調査部長・山下奉文少将、軍事参議官・真崎甚三郎大将に面会した。

古荘次官に小川大尉が「このままおいたら必ず血を見ますが、いいですか」と言うと、「ウウ」と古荘次官は言葉に詰まり、「急進ではいかん」というようなことを言った。

次に山下少将に面会すると、少将は「改造改造というが、案があるか。案があるならもってこい、アカヌケのした案を見せてみろ」と嘲笑するように言った。「案よりも何事か起こったとき、どうするかという問題のほうが先だ」と磯部が言うと、少将は「アア何か起こったほうが早いよ」とタカをくくったような返事だった。

磯部らと面会した真崎大将は、非常に憤慨したような面持ちで、「このままでおいたら血を見る、おれがそれを言うと真崎が扇動していると言う、なにしろおれの周囲にはロシアのスパイがついている」などと言った。

すでに磯部は、川島大将が陸軍大臣になる前の七月ごろ面会した際、川島大将から、国体明徴とか、三十億ぐらいの予算を獲得して国防を充実させるとか、青年将校受けのするような大風呂敷を広げられていたので、川島が陸相となって「多少の信頼をつなぐ」ようになった。磯部は、川島陸相に十二月までに内閣を倒すために辞職するよう意見具申をしてみたが、「なかなかそう急にはゆかぬが、ヤラネバナラヌコトはやる」といったような態度であることがわかった。そこで磯部は「事件突発の時、頭から青年将校を討伐はしない、必ず好意的に善処してくれると考えた」のだと言う。

青年将校の中での急進派たる歩一の栗原、丹生中尉らは、以前から下士官兵に対して昭和維新に関する教育をしていたが、一月にはいるとその内容が具体的になった。ことに初年兵に対する教育は露骨になった上に、連隊は憲兵の出入りを忌避し始めた。

決起は、法律上は「反乱」である。反乱罪は、首魁《しゅかい》が死刑なのはもちろんだが、「付和随行」しただけで「五年以下ノ懲役又ハ禁錮」である。いかに「上官の命令は天皇陛下の命令」といっても、天皇陛下が自分で大命降下し親任した総理大臣を一介の尉官に命じて殺させるはずがない。事件後に明らかになったように、青年将校が「君側の奸」とみなした重臣たちは、実は天皇の「股肱《ここう》と頼む寵臣《ちょうしん》」だったのである。

　中隊長が部下の兵士に命じて総理大臣や陸海軍大将を殺害させるのは、警察署長が部下の警官に命じて万引きをやらせるより無理がある。「陛下の親任した政府に対する反乱」を「君側の奸に対する天誅」というふうに頭の切り替えをするのは、命令を下したその場で即座にというわけにはいかない。青年将校が夜間訓練と称して兵隊に非常呼集をかけたとしても、様子がおかしいと感じた兵が夜陰にまぎれてほんの数名でも逃れて連隊長に通報すれば万事休すである。ことに兵隊のうちの七割以上は、一月十日に入隊した新兵であるから、彼らに「昭和維新」の精神をたたきこむ栗原らの苦労は並大抵でなかっただろう。さらにやっかいなのは、下士官のあつかいである。下士官は「軍隊の飯」が長い古強者《ふるつわもの》が多く、軍隊の表裏に通じ、いわゆる「要領」に長けている。中隊長の命令だからといってハイそうですか、とすなおに従わない者も多い。だが、事件が起こってみると下士官兵は予想以上に青年将校の指揮に従った。これには軍隊生活の長い下士官に対する青年将校の常日頃からの精神教育が影響したのであろう。明らかに、下士官のうちには積極的に「昭和維新」に参加しようという気持ちの者もいたのである。小坂慶助憲兵曹長は、戦後の回想記で、武器を持たない老人に多数の銃弾を撃ち込むような鬼畜にも等しい残虐行為を実行した下士官を「単に上官の命令の実行とのみ片付けるわけにはいかない」と述べている。

　だが、青年将校のうちでも、大尉級の古参将校は早急な決起に懐疑的だった。安藤、香田、野中、山口一太郎ら大尉クラスの相沢公判に対する考えは、公判を有利に展開させて、重臣層、政財界、軍閥の腐敗を世人に知らせ、昭和維新断行の機運を醸成する、その上で、機を見て実力行使に出る、というものだった。竜土軒の会合で、急進派の磯部、村中と、時期尚早論の安藤、新井は激しく対立したようである。

四　安藤大尉決心

青年将校の不穏な動きに対して、西田税は栗原と面談して抑えようとした。北や西田は、青年将校の過激運動の情報を財閥や政治家に流すことで飯を食っているわけだから、青年将校運動がなくなるのも困るが、失敗が目に見えている決起で、自分たちの資金源である財閥や政党に本格的打撃を与えてもらってはもっと困る。過激運動は、決起がいつ起こるかわからない、という脅しとして使える範囲で、情報料の値上げにつながる程度の過激さであるのが一番都合がいいわけで、本当に決起などされては西田にとっては迷惑なのである。

栗原中尉は、

「あなたには関係ない、あなたにはあなたの役割というものがあろうし、自分たちには自分たちの役目があるのだから話す必要はない」

と突っぱねた。西田が、早まったことをすれば相沢公判にも悪影響があると言うと、

「公判の進行と維新運動とは別だと思う。貴兄には何も迷惑はかけないつもりである。私どもは満州に行く前にぜひ目的を達したいと思っている。みなこの決心が非常に強くなっている。自分たちの都

合から言えば今月中が一番よい。公判公判と言うがそう期待がかけられますか」
と、反論した。だが、栗原が「迷惑はかけない」と言っても、西田は青年将校が「聖典」視している『日本改造法案大綱』の版元なのである。同書は国家改造の手段としてクーデターを認め、戒厳令下に大詔《たいしょう》渙発《かんぱつ》を仰いで一挙に現行政治機構を停止させ、軍部独裁権力をもって国家改造を進めることにしていた。青年将校のクーデター計画は、まぎれもなくこの「聖典」の影響を受けている。栗原らが反乱を起こせば、どうしたって北、西田も共謀罪に問われるのである。だからといって、西田らは決行計画を憲兵隊に通報することもできなかった。そんなことをしたら自分たちも襲撃対象となるであろうし、青年将校運動が壊滅してしまえば自分たちの情報も無価値となる。それ以前に、情誼《じょうぎ》の上からも、彼らは栗原らを憲兵に売ることはできなかった。

　相沢公判を通じて世間に重臣層、軍閥、政財界の腐敗を暴露し、昭和維新の必要を宣伝して、機を見て決起するというのが穏健派の考えである。だが、国民世論が実力行使を支持するぐらいになったというのは、どうやって判定するのか？　非常にあいまいである。栗原中尉が公判に期待がかけられるかと疑問を表明したのは、いくら相沢公判で現状の腐敗を暴露しても国民の意識が青年将校の決起を支持するだけの積極さになってこないかもしれないという意味である。かくして、あせる急進派と時期尚早という穏健派の意識が乖離してしまうことになる。

　実際に決起してみたら決起は失敗に終わったのだから、穏健派の言い分のほうが正しかったのであり、どれほどこの時期の政財界の腐敗が甚だしかったとしても、その後の軍部専制体制下における軍部の腐敗よりはましだったから、そもそも青年将校たちが現体制をくつがえすことで腐敗を一掃できると考えたこと自体間違っていたというべきであろう。結局、政治腐敗の防止には、憲法学的には近代的な三権分立が重要なのであり、より根本的には、近代的法治主義の思想を国民の間に普及させることが重要なのである。だが、理知的に劣った人間は、自分の欠点と相手の賢さを怖れるがゆえに、弁論で負けたりその後の経過によって自分の誤りが証明されたりするのを防ぐために、大胆な実行を急ぐものなのである。

　二月十九日、栗原、磯部、村中、安藤の四人は、栗原の自宅に集合した。ここでも安藤大尉は決起に成算がないとして反対した。安藤の頑固な反対にあって、栗原ら他の三人は困惑したが、それでは武力行使に直接参加しなくても、せめて歩三から兵が出動するのを黙認してくれと頼み込んだ。決起の日には歩一は山口一太郎大尉が週番司令で、彼は直接出動部隊には加わらず、兵の出門を見逃して、その後決起部隊の外にあって上層工作に従事する予定になっていた。この山口大尉のような立場になることを要求したわけである。ここまできた以上、磯部らは、歩三を除外してでも決起しようと気負い立った。

　安藤大尉は、陸軍士官学校では磯部と同期生で、当時の校長は真崎甚三郎少将だった。事件前年の一月に歩兵第三連隊第六中隊長となった。安藤大尉は日蓮宗の信者で、硬骨漢であったが情誼に厚く、部下を愛することは人一倍で、給料のほとんどを部下のために割いてしまうほどで、部下の彼によせる尊敬と信頼は非常に強かった。

　安藤大尉は、栗原、磯部らが自分たちだけでも決起するという決意を翻意させることは不可能と悟って、自分も決行に加わるべきか悩み続けた。不参加であっても、決起を黙認すれば、決起部隊が武器

北一輝

弾薬を弾薬庫から持ち出し、営門を通過するのを見逃した責任は問われる。そして、決起部隊を鎮圧する際には、鎮圧部隊の中隊長として「同志」と対決しなくてはならないことになる。悩んだ末に、安藤大尉は決起を決意した。

二十二日朝、安藤大尉は磯部に「磯部、安心してくれ、おれはヤル、ほんとに安心してくれ」と決意を打ち明けた。鬼頭春樹の『禁断　二・二六事件』によれば、北一輝の「霊告」が効果を発揮したという。

北が仏間で読経すると、妻のすず子が神がかり状態となりうわごとを口走る。これは北にしか聞き取れないもので、それを黒いアルバムに書き記して「霊告」として、北の「信者」たちに下されるのである。二月二十一日に村中が北邸を訪れて、部隊規模の決起が統帥権干犯にあたるかどうかを占ってもらったところ、「大義名分自ずと明らかなるは疑いなし。他末節にすぎず」という「霊告」が出たのである。こうして天皇の命令なしに天皇の軍隊を動かすという統帥権干犯そのものの行為は、北のカリスマ性で「末節」に過ぎないとされたのである。

鬼頭によれば、安藤も、この霊告を聞いて決心したのだという。

磯部は踊りあがって喜び、同日午後四時ごろ、野中大尉宅で同大尉と村中と会合して安藤の決意を伝えた。野中大尉と村中も喜んだ。安藤大尉の参加がなければ、少数者による暗殺程度の事件しか不可能であるのに対し、週番司令として連隊の武器庫を開けさせる権限を持ち、部下の信服厚い安藤大尉の参加によって、大規模な武力発動が可能となったのである。

五　実行計画

二・二六事件は、これまでのいくつかのクーデター未遂事件と異なって、兵士を直接把握している尉官クラスの将校によるものだった。彼らは常々兵士に精神教育を施し、かなりの程度その信服を得ていた。しかも、いつもなら料亭で〝隠密〟行動をひけらかす民間右翼がほとんど参画していなかった。当時、軍人の不法行為の取り締まりは憲兵の管轄で、警察の取り調べは陸軍軍人を対象にすることは事実上不可能だった。〝国家改造〟計画を企てている疑いがあっても、警察は民間右翼しか取り調べることができなかった。陸軍内の不穏分子は憲兵が調べるしかなかったが、その憲兵隊は皇道派の影響下にあった。しかも、憲兵といっても、その下士官は将校よりも階級が下だから、将校を下士官や兵に尾行させるのは、憲兵の長い習慣として非常にやりにくい、心理的抵抗の強いことだった。それでも、二・二六事件の予測は不可能ではなかった。誰が危険であるかは、わかっていた。

昭和十一年二月三日、一月に牛込憲兵分隊長から旭川憲兵分隊長に転任した森木五郎少佐が上京し、東京憲兵隊長・坂本俊馬大佐に注意をうながした。

「青年将校がだいぶ動いていてあぶないらしいですぞ。とにかく、歩一では山口大尉、歩三では安藤大尉が週番司令をつとめるときに注意することですな」

森木少佐は、既述の「粛軍に関する意見書」の怪文書事件に対する対応に示されたように、いわゆる「皇道派」である。憲兵でありながら青年将校の活動を目こぼしするような態度であったが、いわゆる「皇道派」にも、本気で過激行動に走る青年将校と、彼らの運動を軍の政治主張に利用しようとする側とがあった。森木少佐は昭和十年暮れには東京憲兵隊の牛込分隊長であったが、このころ青年将校が十二月二十五日の帝国議会開院式当日をねらって議会を占領し、クーデターを決行するという出所不明の不穏な情報が飛んでいた。牛込分隊長・森木少佐からは極秘情報として「皇道派青年将校が十二月二十二日夜、新宿の大衆料亭『御座敷本郷』に集まって何事か謀議するらしい」と報告された。そこで当夜は私服憲兵が内部に張り込んだが、確かに村中をはじめとする青年将校はやって来たが、がやがやと雑談が交わされているうちに酒宴となり、皆酔っぱらって散会してしまった。村中は、前日、相沢事件の公判で相沢中佐の特別弁護人になっている満井《みつい》佐吉《さきち》中佐から「御座敷本郷」に集まるよう言われて同志とともに集まったのだが、なにもなしに散会となってしまったのである。村中にとっても、何のための集合だったのか皆目わからず、彼は帰途森木少佐を訪ねて事情を聞いた。森木の説明はこうだった。

「今度の議会では、どうしても軍事予算を軍の要求通り鵜呑みさせねばならん。これがため、青年将校が何かやるぞとおどかしたわけだ。青年将校が多数集まったことは、政治家には大きな脅威だからね」

利用された村中は内心怒りに燃えたが、森木には常日頃世話になっているので何も言わず、自分ひとりの胸におさめて同志にもこのことは話さなかった。

森木にすれば、青年将校運動は、陸軍の予算獲得に脅しとして使える程度の過激さがちょうどいいのであり、本当に決起などされては迷惑ということで、坂本隊長に不穏な動きの情報を伝えたのだろう。

とにかく、青年将校の動きを手にとるように知っている森木少佐からの情報である。坂本大佐は、森木少佐の情報を重視して、赤坂分隊長・諏訪与平少佐に指示した。

「歩一、歩三の行動を常時視察するため、分隊は営門付近に適当な家屋を借り上げ、速やかに張り込みを実施せよ。また歩一では山口大尉、歩三では安藤大尉が同時に週番勤務に服するときは、速やかに隊長に報告し、かつ警戒を厳重にすること」

だが、下級者の情報活動と、その報告を分析して総合判断を下す上級者の判断とは異なる。青年将校の決行計画は以前からたびたび伝えられて慢性化し、上層部の危機感は薄らいでいた。軍の命令系統から言って、青年将校がどんな大言壮語をがなりたてようと、実際のところ、中隊を反乱に用いることはもちろん、大量の実弾を私的に流用することもできないようになっている。しかも、憲兵隊の上級者には、なお皇道派の一部が残っていて、第一線からあがってくる情報を握りつぶしたり、過小に評価したりした。皇道派の上級者にとっては、青年将校運動は皇道派の要求を押し通すための脅しの道具である。本当に反乱を起こされたのでは上級者の管理責任を問われるとしても、常々真崎大将が「このままでは血を見る」というようなセリフを口にしたように、決起に至らない過激運動の範囲なら反対派への脅しに使えるわけで、完全に抑圧しないほうが得なのである。そして、実際歩一で山口、歩三で安藤の週番勤務の組み合わせのときに事件が起きたのである。

週番司令は中隊長クラスが輪番で務める。その主務は連隊の規律維持だが、とくに夜間は連隊全体のいっさいの責任を負うので〝夜の連隊長〟の異名もある。土曜日から次週の金曜日までが、勤務期間である。山口大尉は二月十五日から二十一日までの週番予定だったのを、二十二日から二十八日までの勤務に変更した。安藤大尉も二十二日からの週番勤務にした。

二十二日夜、駒場の栗原中尉宅で、所沢の飛行学校学生の河野《こうの》寿《ひさし》大尉、中橋《なかはし》基明《もとあき》中尉、栗原中尉、磯部、村中の五人が会合して、襲撃目標と実行計画の基本線を決めた。さらに翌二十三日夜、歩三連隊週番司令室に安藤、村中、香田、野中、磯部、坂井《さかい》直《ただし》中尉が会合して、決行計画の最終決定が行なわれた。

その計画は、安藤大尉による事件後の憲兵隊での調書を要約すると以下の通りだった。

一、岡田首相
　歩一栗原中尉ほか約三百名
二、斎藤内大臣
　歩三坂井中尉ほか約百五十名
三、高橋大蔵大臣
　近歩三中橋中尉ほか約百名
四、鈴木侍従長
　歩三安藤大尉ほか約百五十名

五、牧野伸顕
所沢飛行学校河野大尉ほか約十名
六、渡辺教育総監
斎藤内府を襲撃したあと、高橋《たかはし》太郎《たろう》少尉、安田《やすだ》優《ゆたか》少尉が若干名を率いて第二次行動として襲撃
七、警視庁
野中大尉ほか約三個中隊（約四百五十名）
八、陸軍大臣官邸
歩一丹生中尉ほか約百名——これは襲撃ではなく、川島陸相に事態収拾に動いてもらうための占拠

ほかに元老西園寺襲撃計画もあったのだが、これは実行前に断念したので安藤大尉は憲兵に供述はしなかった。それでも、総勢約千二百六十名の兵力を繰り出しての大反乱計画である。最大の兵力を集中したのは警視庁制圧部隊であるが、これには警視庁制圧以外に宮城占拠の意図が秘められていた。これも憲兵に対する供述では秘匿されている。

結果的には、彼らは、斎藤内府、高橋蔵相、渡辺総監をしとめ、岡田首相、鈴木侍従長、牧野前内府、西園寺元老を打ち漏らしたことになる。殺害達成率七分の三というわけである。

二十二日が土曜日ということは、二十五日は火曜日である。二十五日午後一時、東京憲兵隊特高課長・福本《ふくもと》亀治《かめじ》少佐は、歩兵第一、第三連隊、近衛歩兵第三連隊（近歩三）の兵営付近の張り込みを指

令した。情報によれば、これまで栗原中尉宅で行なわれていた会合が、兵営内に移されたらしく、不穏が感得されるからである。しかし、指示を受けた赤坂憲兵分隊では、部隊との摩擦を恐れて張り込みを実施しなかった。憲兵は、とかく嫌われる存在である。とくに歩兵第一連隊では、連隊長小藤《こふじ》恵《さとし》大佐がいわゆる皇道派で、憲兵の調査に露骨に反対していた。このことは、憲兵隊ですら、反乱事件防止よりも「ことなかれ主義」のほうが優先する日本の官僚組織の伝統に染まっていたことを示すものであり、また、憲兵隊でも規律が弛緩していたことを示すものでもあろう。動員された特高課員も、初日ということで、視察だけにとどめて、午後八時ごろには引き揚げてしまった。東京では珍しい雪がちらちらと舞い始め、寒さが増してきた。こんな夜に大事を起こそうという酔狂者もいるまいと思ったのかもしれない。

しかし、その酔狂者はいた。しかも千五百人近くもいたのである。

第五章　突進

「わが神、わが神、どうして私をお見捨てになったのですか」
（『新約聖書』マタイによる福音書第二十七章四十六節）

一　前夜

歩兵第一連隊には、二十五日夜、丹生誠忠中尉が中隊長代理を務める第十一中隊の将校室に磯部、村中、香田らが集まって決行についての打ち合わせをしていた。

午後十時過ぎ、当夜の衛兵司令だった関根茂万《しげかず》上等兵のところに林八郎少尉がやって来た。関根上等兵は銃隊付に移る前、第十中隊付だった林少尉に目をかけられていた。そこを買って山口一太郎週番司令が関根上等兵をこの夜の衛兵司令にあてたのかもしれないが、林少尉が「弾薬庫の鍵を貸せ」と言っても、「いくら教官殿でも、それに従うわけにはゆきません」と鍵を渡さなかった。関根上等兵は、日ごろの情実よりも規則に忠実だったわけである。そこで、十一時ごろ、栗原中尉は連隊兵器委員助手石堂信久軍曹を銃隊室に呼びつけて、拳銃を突きつけて脅迫して、林少尉とともに営門横の衛兵所に行かせた。拳銃を突きつけられた石堂軍曹は関根上等兵に弾薬庫の鍵を渡すよう命じた。石堂軍曹が背後の林少尉に拳銃をつきけられているとは知らない関根上等兵は、兵器委員助手がそう命ずる以上、鍵を渡さないわけにはいかなかった。林少尉は十人ほどの兵を引き連れて弾薬庫に行き、弾薬庫を開けて、小銃、機関銃、拳銃および弾薬を搬出した。その後石堂軍曹は出動部隊が営門を出ていくまで銃隊兵器庫に閉じ込められた。

そのころ、牧野伸顕前内大臣を襲撃する湯河原組が第一連隊に続々到着した。外来者が面会を求めてきたときは、衛兵が氏名を面会簿に記入するなどの手続きをするが、相手の将校が面会を承知すれば手続きを踏んで営門をはいっていく外来者を止める権限はない。関根上等兵は、前の当番の衛兵司令から「栗原中尉、林少尉への面会は通していい」という申し送りを受けていたから、彼らをそのまま通した。牧野襲撃は河野寿大尉の担当だが、所沢飛行学校学生の彼には部下がいない。それで栗原のはからいで、彼の旧部下の在郷軍人三名に、日大学生時代から同志として親しくしている水上源一《みずかみげんいち》とその知人一人を加え、さらに他中隊の現役兵二人を入れて七人の実行班を編成した。

歩兵第三連隊には、第七中隊長・野中四郎大尉、第六中隊長・安藤輝三大尉、第一中隊付・坂井直中尉ら、過激将校が集中していた。

第六中隊では午後八時の点呼が終わった三十分後ぐらいに週番司令の安藤大尉が、中隊長室に下士官を集めて、「昭和維新の断行」並びに「当六中隊は侍従長・鈴木貫太郎閣下の襲撃を担当する」ことを伝え、さらに詳細な作戦計画を伝えた。ここに集められた下士官は日ごろの精神教育で「君側の奸臣に天誅を加えて昭和維新の先駆けとなる」という趣旨に共鳴している者ばかりである。異見や不服を申し出る下士官は一人もいなかった。

いっぽう、午後九時ごろ、坂井中尉は第一中隊の将校室に下士官を集合させた。中隊長の矢野正俊大尉は自宅に帰っている。坂井中尉は本当の目的は伏せて、「三宅坂付近に暴動が起こった。部隊は暴徒鎮圧のために出動する。これには歩三だけでなく、歩一、近歩三など在京部隊が全部出る。わが一中隊は斎藤内大臣の私邸を警備に行く」と話した。坂井は六中隊の安藤のように決行を打ち明けず、正規の命令による警備出動であるかのようにつくろったのである。安藤が部下の人心を掌握している自信があったのに対し、坂井にはその自信がなかったのであろう。

　さらに、坂井中尉は、出動準備ギリギリの十二時ごろ、第二中隊の渡辺清作曹長、長瀬一伍長、および北島弘伍長の三人を一中隊の将校室に呼んだ。二中隊は梶山健大尉が中隊長だったが、歩兵学校学生となって不在だったので、隊付の小杉留五郎中尉が中隊長代理をしていた。だが、両人とも革新思想とはかかわりがない。二中隊内で日ごろから安藤大尉らの影響を受けて革新思想に染まっている下士官を呼んだのである。坂井中尉は、彼らにも暴動鎮圧警備のための出動と告げたが、長瀬伍長は真相を察した。他の下士官は事件後の憲兵の取り調べには警備出動と思ったと答えたが、事情を察していたと考えるほうが自然であろう。三人の下士官は一中隊の将校室を出ると二中隊に帰り、気心の知れた下士官を起こした。ただし、一中隊が坂井中尉の命令で兵隊をゴッソリ連れ出したのに対し、二中隊ではほとんどの兵が残されている。将校と下士官とでは命令権限がそれだけ違ったのである。

　歩一では週番司令の山口大尉が決行に加わらず、「見て見ぬふり」をするだけだったから、武器を搬出するにも苦労しなくてはならなかったが、歩三は週番司令の安藤大尉自身が命令を下して武器庫を開かせた。さらに安藤大尉は、機関銃隊週番士官・柳下良二中尉に「帝都の情勢が逼迫《ひっぱく》して不穏の徴《きざし》があるので、連隊は一部兵員を残して、主力をもってこれが警備に任ずるにつき、機関銃隊週番士官は、機関銃十六個分隊を編成し、野中四郎の指揮する部隊に八個分隊、安藤と坂井の両部隊に各四個分隊を配属せよ」と命令した。柳下中尉はいわゆる「青年将校」つまり革新思想を持った過激将校ではなかった。だが、歩三内の青年将校の言動は知っていた。歩三機関銃隊長の内堀次郎大尉は、このとき豊橋教導学校の隊務視察に出張中であったが、出かける前に自分の不在中は一兵も動かしてはならぬと指示し、そういう要求があればすぐに自分に報告せよ、と注意して出張に出かけた。

　安藤大尉の命令を受けた柳下中尉は、準備を進めながらも内堀隊長の指示を仰ごうと伝令を内堀大尉の自宅に走らせた。内堀大尉は二十六日まで出張の予定だが、軍隊では普通一日前に帰る習慣だったので、すでに帰宅しているのではないかと思ったのである。車で行った伝令は一時間ほどして大尉がまだ帰宅していない旨の妻女からの返事をもって帰った。こうなれば仕方がない。柳下中尉は週番司令の命令に従う決心をした。銃隊の兵が出動するからには、自分も行かなくてはならないと考えた中尉は、自宅から軍刀と拳銃を取り寄せるため当番兵の藤野進一一等兵を出門させることにした。これが二十六日の午前一時半ごろである。すると藤野一等兵は二十分と経たないうちに安藤大尉といっしょに戻ってきた。営門のところで安藤が藤野を見て呼び止め、わけを聞いてそのまま連れ戻ったのである。安藤大尉は柳下中尉に言った。

「お前は出なくていい。週番司令の代理として留守を守るように」

　こうして柳下中尉は残った。人間の運命は偶然が左右する。ここで柳下中尉が部隊と行動をともにしていたら、彼も重罪は免れなかったであろう。

　いっぽう、東京での決起とは別に、静岡県興津《おきつ》町（現在は静岡市清水区に編入）にある元老・西園寺公望の別邸「坐漁荘《ざぎょそう》」を襲撃する計画があった。こちらは、興津に東京から襲撃にいくのでは途中で見つかる危険が高いので、東京よりも近い豊橋教導学校の青年将校が襲撃する手はずだったのだが、〝同志〟の板垣徹《いたがきとおる》中尉が土壇場で反対して中止した。その連絡のため対馬勝雄《つしまかつお》中尉と竹嶋継夫《たけしまつぐお》中尉が東京に来た。両中尉は歩一に行って栗原や村中の部隊に合流した。

千葉県市川の野戦重砲兵第七連隊からも、田中勝《たなかまさる》中尉が参加した。野重砲連隊には車輌が多い。彼の任務は連隊のトラック、乗用車を同志に提供してその輸送にあたることだった。田中部隊は輸送だけの任務であるから、計画を下士官兵に打ち明ける必要はなかった。車輌部隊の夜間行軍と靖国神社参拝を兼ねての出門とすればよく、あとは臨機に命令すれば、兵隊がおかしいと思っても田中中尉より上の上官に通報することはできない。十三名の下士官兵は、田中の言葉通り「靖国神社参拝の夜間行軍」だと信じて、彼の指揮下に乗用車一台、トラック三台、サイドカー一台に分乗して営門を出ていった。

二十五日の夜、近歩三では、中橋中尉が中隊長代理をしている第七中隊が宮城守衛隊の控え兵の当番だった。第七中隊は、前々中隊長の宮永義文中尉が陸大入学のため連隊付となり、次の中隊長井上勝彦中尉もすぐ陸大へ入学したため、隊長が空席となった。そこへちょうど以前六中隊付だった中橋が満州から近歩三に戻ったので、第七中隊付となり、中隊長代理となったのである。中橋は昭和八年の埼玉挺身隊事件に関与して、その責任を問われて近歩三から満州へ左遷されていた。ところが、左遷されて二年も経たない昭和十年十二月に中橋は近歩三にまた戻ってきた。いったい「危険分子」として追放した中橋をだれが近歩三に戻したのか？　松本清張の詳細な調査にもかかわらず、この人事の主導者は不明である。中橋中尉が危険人物であることは近歩三生え抜きの将校全員が知っていた。だが、連隊長は中橋を追放した奥保夫前連隊長から園山光蔵連隊長に代わったばかりだった。園山連隊長は中橋を近衛師団から追放するよう努力するべきだったろう。奥前連隊長からなんの申し送りもなかったとしても、大隊長や連隊副官からは情報があったはずである。近衛師団からの追放は、師団長や陸軍省の了承もとらなくてはならないからすぐには実現できなかったとしても、部下のある中隊付から部下を持たない連隊付にするぐらいは連隊長の権限で容易にできたはずである。この点、昭和八年当時の第七中隊長だった宮永中尉は、戦後、

「中橋が第七中隊付になったのも、各中隊長が彼を危険視して自隊に配属されるのを拒否し、また彼を大隊副官とするのも各大隊が拒んだからではあるまいか」

と、松本清張に語っている。そうだとすると、中橋中尉は、どこも引き受け手がないから、中隊長欠員の第七中隊に配属され、その結果中隊長代理として部下に命令できる立場になったわけである。

中橋中尉の祖父中橋藤一郎は明治七年の佐賀の乱に参加して二十八歳で処刑された。中尉も祖父と同年の二十八歳で処刑されることになった。

中橋中尉の部隊には砲工学校学生の中島《なかじま》莞爾《かんじ》少尉が加わった。中島少尉は「同志」であるが、部下を持たないので、栗原や磯部の「実行計画」による指示で中橋部隊に入れられたのである。

二　決行1

二十六日早朝、各部隊は手はず通り目標を襲撃し、永田町一帯を占拠した。首相、内府、侍従長、西園寺、牧野を襲撃目標とすることは、五・一五事件以来青年将校の間で常識化していた。高橋蔵相と渡辺総監は大部隊の動員が可能になって急遽つけ加えられたらしい。

首相官邸襲撃担当は、栗原中尉の指揮する歩一の三個小銃小隊および一個機関銃小隊、計約三百名である。歩一の兵舎は現在東京ミッドタウンのあるあたりにあった。歩一の銃隊は午前四時半連隊を出発した。表門を出るとすぐに歩三の警視庁襲撃部隊（野中隊）と合流し、野中隊を先頭に、次に栗原隊、その次に歩一の第十一中隊（丹生隊）の順で隊伍を組んで行進した。野中隊とは溜池《ためいけ》で分かれ、丹生隊は栗原隊の首相官邸侵入を見とどけてから陸相官邸に向かって前進した。

午前五時、栗原隊は首相官邸を完全に包囲した上、通用門から粟田伍長指揮の約二十名、裏門から林八郎少尉指揮の約六十名が侵入し、部隊の主力は栗原自身が指揮して表門からはいった。官邸裏非常門に立哨していた巡査を栗原が拳銃で脅して表門に歩かせ、門内立哨の巡査に声をかけさせて表門を開けさせたという。直ちに栗原中尉、対馬中尉、林少尉を先頭に門内になだれ込んで、表門右角の巡査詰所を襲い、就寝中の巡査全員から拳銃を押収した。だが、門内にはいれたものの、表玄関は頑丈で斧をたたき込んでもびくともせず、裏玄関にまわって日本間の窓を破壊して邸内にはいった。当夜、首相官邸には拳銃を持った護衛警官が四十人近く泊り込んでいた。邸内は真っ暗だった。暗闇から飛んできた銃弾で三沢軍曹が負傷した。電灯をつけても誰かが別のスイッチで消す。非常ベルも鳴り出し、暗中で銃の乱射戦となった。

岡田首相は非常ベルの音で目を覚ました。首相官邸には庭の裏手からがけ下へ抜ける抜け道があり、義弟で、首相秘書官をしていた松尾伝蔵《まつおでんぞう》退役陸軍大佐は首相をそこから外へ逃がそうとした。だが庭はすでに兵隊が警戒しており、たちまち巡査一人が射殺され、いったん庭に出た松尾大佐も邸内に逃げ戻った。護衛の者たちは、総理を風呂場に押し込めて決起部隊に応戦した。村上嘉茂右衛門《むらかみかもえもん》巡査部長は風呂場のわきの洗面所から大きな椅子を持ち出して、これを楯に、近づく兵にピストルで応射したがたちまち撃ち殺されてしまった。土井清松巡査は柔道四段、剣道二段の猛者で、ピストルの弾を撃ち尽くすと、日本刀を抜いた林少尉に組み打ちを挑んで羽交い絞めにした。林少尉は懸命に振りほどこうともがいたがなかなか離れない、数秒後腰を落として相手の襟をつかんで背負い投げを打って、土井巡査の体を前に倒した。すぐに土井巡査は立ち上がったが、林少尉は間一髪軍刀で袈裟斬りを浴びせ、一刀のもとに斬り倒した。

松尾大佐は中庭の戸袋のわきにくっつくようにして隠れていたが見つかって林少尉の命令で島崎二等兵が射った。林少尉はこれで殺したと思ったが、松尾大佐は顔と腹に小銃の弾を撃ち込まれながら、日本間のほうに戻り、喘ぎながらも姿勢を崩さず敷居に端座していた。兵隊はこれを見つけて集まってきたが、凄惨極まる血だるまの姿に気を呑まれたように誰も手出しできず、息を呑んで見守るばかりだった。間もなく栗原中尉が来合せて、倉友音吉上等兵に命じて拳銃でとどめをさせた。栗原中尉は座敷にかけてあった首相の写真を持ってきて見比べたのだが、この写真は銃剣でつついて落としたときにガラスにひび割れがはいってしまいよく見えなかった。栗原中尉は松尾大佐を岡田首相と誤認して仕留めたと判断した。

栗原らは「仕留めたぞ」とか、がやがや話しながら本館のほうに引き上げた。岡田首相は隠れていた風呂場から松尾大佐の死体が置かれている寝室に戻り、大佐の凄惨な死体に額《ぬか》づいてから、寝巻から羽織袴《はおりはかま》に着替えた。そこへ玄関のほうから人が戻ってくる気配がした。とっさに隠れる場所もなく、首相は廊下に出て暗がりに立っていた。ところが、その兵隊は首相を幽霊と見間違えたらしく、気味悪がって引き返してしまった。その後首相は女中部屋の押し入れに隠れて、翌日救出されることになる。

高橋蔵相は、長い政治経歴と、栄誉に恬淡《てんたん》とした人柄で国民の敬愛を集め、軍費の無制限な膨張の歯止めとなってきた。事件の四十年後に総理大臣となる福田赳夫《ふくだたけお》は当時大蔵事務官だった。彼は、昭和十一年度の軍事予算について、大蔵省と陸軍省との間に激しいやりとりがあったことが蔵相襲撃の背景にあったのではないかと、その回想録に以下のように書き記している。

「(相沢事件の結果)、軍内部では皇道派の立場が強化され、対ソ強硬論、従って軍事予算獲得に積極的な主張がにわかに強まった。(略)

大蔵省では、高橋是清蔵相、津島寿一《つしまじゆいち》次官の下に、世にいう大蔵三羽烏《さんばがらす》の賀屋興宣《かやおきのり》主計局長、石渡《いしわた》荘太郎《そうたろう》主税局長、青木一夫《あおきかずお》理財局長以下の面々がスクラムを組んで軍の要求に抵抗し、軍の説得にあたった。しかし、昭和十一年度予算をめぐる『蔵・軍』の話し合いが事務レベルでは調整がつかず、その決着は閣議に持ち込まれた。

一九三五(昭和十)年十一月二十六、二十七両日、永田町の総理官邸で開かれた閣議も平行線のままで、中一日置いて二十九日に再開された。(略)

いよいよ閣議室にはいろうとする高橋大蔵大臣に、私(福田)は苦心して作った『閣議における応対要領』なるメモを差し出した。すると大臣は、『きょうはメモを持たない。もっと大きな話をする』と言われ、これを受け取らない。その代わりに『福田君、官邸のどこかにあるだろうから、世界地図の掛け軸を探して来てくれ』と言われる。

高橋是清大蔵大臣

私が官邸の一室にあった一幅の世界地図を外《はず》してきて大臣に渡すと、『ああ、これでよい』と言って大臣はその軸を小脇に抱えて閣議室にはいっていった。

　ところが、閣議は延々と続く。大臣は閣議室にはいったままで、全然出てこない。トイレに出てきた松田源治文相に聞いてみると、『いま高橋大臣が世界地図を広げて、「日ソ戦うべからず」と川島義之陸軍大臣を相手に、大論陣を張っているところだ』という。

　参謀本部から幹部が官邸に乗り込んでくる場面もあり、陸軍内部の調整にも手間取ったことから、閣議は中断を繰り返しながらついに二昼夜に及んだ。三日間、延べ三十六時間をかけての閣議決定だった。世に『三十六時間閣議』といわれるのが、これである。

　翌々三十日の暁、大臣以下われわれが大蔵大臣官邸に引き揚げた時には、大蔵省詰めの新聞記者諸君が官邸前に多数出迎えて、『万歳、万歳』と励ましてくれたことを、今でも鮮明に記憶している。

　この予算合戦は結局、六対四ないし七対三で大蔵省側に有利な決着となった。しかし、私はこの決着が皇道派優位の陸軍を強く刺激し三ヶ月後の二・二六事件の背景になったとみている」

　磯部自身、その獄中手記で、蔵相を目標にした理由の一つに「昨冬予算問題」を挙げている。

蔵相襲撃は、近歩三第七中隊の約百人で、中橋基明中尉が指揮した。近歩三の営舎は現在赤坂サカスがあるあたりにあった。高橋蔵相の私邸があったところは、現在は高橋是清記念公園となっている。私邸の建物は東京都小金井市にある江戸東京たてもの園に移築されて公開されている。

中橋中尉は「明治神宮参拝」と称して兵を連れ出した。下士官兵は営門を出てから蔵相襲撃をはじめて明かされた。彼らは驚愕したが、抵抗や異議の申し立て方法を知らなかった。新任間もない中隊長代理の中橋中尉と中隊兵との間には親近感も不十分でしかない。中橋中尉は、決行には自分らの中隊だけでなく第一師団管下の部隊全部が参加し、全国の師団の呼応があると、大風呂敷を広げた。決起が成功すれば自分たちは維新の先駆者の栄誉を得ることができる。全軍が決起に呼応するという幻想がどれだけ下士官兵の心を動かしたか知れない。実際、あとで歩一、歩三の大部隊の出動を見た近歩三の兵たちは当初その言葉を信じた。だが、中隊付の今泉義道《いまいずみよしみち》少尉は、中橋の言葉には乗らなかった。今泉少尉は中橋中尉を殺してでも決行を食い止めなくてはならないと決心したが、中橋中尉の迫力に気圧《けお》されて、引きずられてしまうことになった。中橋中尉は部隊を宮城の守衛隊控え兵と、高橋邸襲撃担当の突入隊とに分けた。突入隊をさらに小銃隊と機関銃隊に分け、小銃隊を中島莞爾少尉が指揮して邸内に侵入して蔵相を殺害し、機関銃隊を中橋中尉が指揮して邸前の警戒にあたることにした。部隊が連隊の門を出て青山通りに出る少し前の薬研坂《やげんざか》のあたりで、突入隊の兵に実包(注)が渡されたが、〝同志〟ではない今泉少尉の率いる控え兵の隊には実包は渡されなかった。中橋中尉と中島少尉は、蔵相邸の内玄関の戸を踏み破って侵入した。二階十畳間で寝ていた蔵相の布団を引き剥がして「天誅《てんちゅう》」と中橋中尉が叫ぶなり三弾を蔵相に射ち込み、中島莞爾少尉が左胸と左腕を刺した。蔵相は一言も発することなく絶命した。その後、突入隊は中島の引率で首相官邸の警戒にまわり、控え兵隊は中橋の指揮で赴援隊《ふえんたい》として宮城にはいるべく半蔵門《はんぞうもん》に向かった。

（注）実包《じっぽう》：実弾のこと。これに対し、火薬で発射音だけがでるようにした演習用弾丸を空包という。

三　決行2

斎藤実は、私の出身地、岩手県の水沢では、高野長英、後藤新平とともに、「水沢三偉人」の一人とたたえられ、今は〝奥州市〟になった水沢には彼の記念館がある。記念館に展示されている自筆のノートを見ると、すべて英語で、ほとんど書き間違いもなく、ペンで丹念に書かれており、幾何《きか》の講義録などそのまま教科書になりそうである。松田十刻《じゅっこく》による斎藤の伝記には、海軍兵学校時代のクラスメートの証言として、「斎藤君のノートはクラスで有名なもので、私たちはそのノートにかなりやっかいになったものである」と、斎藤のノートが有名だったことがわかる記載がある。二・二六事件の遺品である血染めの寝巻きとともに印象深いものだった。斎藤内大臣は、親英米、軍縮派の象徴的存在だった。

その襲撃部隊は坂井直中尉の率いる歩三第一・第二中隊約百五十人だった。歩三の兵舎は現在国立新美術館があるあたりにあった。昭和三年竣工の兵舎は三階建てのモダンな建物で、戦後は東京大学生産技術研究所として長く利用されていたが、美術館新築のため解体され、今はわずかな一部のみが

斎藤実内大臣

保存されている。襲撃部隊が第一中隊舎前に整列した時、予期しない異変があった。警戒隊長に予定していた末吉曹長と兵器係の中島軍曹が行方不明になったのである。二人は兵舎の地下道にある便所に行くふりをして警戒の目を逃れ、第一中隊長・矢野正俊大尉宅に変事を知らせたのである。矢野大尉は「さてはいよいよやったな」と思って、急いで家を出たが、近所に連隊付の宮沢斉四郎少佐が住んでいるのを思い出し、少佐を同行しようとしてその自宅を探した。ところが真夜中なのでなかなかわからず、結局探しあてずに終わったが、そんなことで時間がかかり、歩三の裏門についたのは四時過ぎだった。裏門は閉まっていた。表門にまわると、部隊は三十分前に営門を出てしまったあとだった。三十分の違いだった。もし矢野中隊長が末吉曹長らの訪問を受けて直ちに営門に駆けつけたら、坂井の出動部隊と遭遇していたわけである。矢野大尉が部隊を止めようとすれば、殺気だった決起将校から出陣の血祭りにされていたかもしれない。だが、兵隊としては、所属中隊長の命令と隊付中尉の命令と、どちらに従うか迷うところである。坂井中尉が矢野大尉を多数兵隊の目の前で殺せば、兵隊の多くは動揺したであろう。矢野大尉が部隊出門前に間に合っていたらどうなったかは歴史のifにとどまる。実際の歴史では、矢野大尉が営門に到着したのは部隊が出てしまったあとであり、部隊は午前五時少し前に斎藤内府邸に到着した。

斎藤邸の正門に近づくと、他のものは身をひそめ、将校マントを着た坂井中尉ひとりが門に近寄った。門内では巡査が二人ほど行ったり来たりしていた。坂井中尉は「坂井ですけど、御前様は？」と声をかけた。その言葉で門が開かれ、坂井中尉がなかにはいった。隠れていた軽機分隊が続いた。玄関前警察官詰め所には警察官二十名内外がいたが眠っていたらしく、兵隊が殺到した時には狼狽して服をつけているところで、何らの抵抗もせず武装解除された。坂井中尉ら五名が裏口にまわって雨戸を破って邸内に侵入したところ、中学生ぐらいの書生がいたので、これを脅して二階の内府の寝室に案内させた。このとき夫人春子が物音に驚いて入り口の戸を開けたが、襲撃者の様子を見てすぐに戸を閉めようとした。が、安田少尉が軍刀の鞘をこじ入れて閉めさせなかった。戸を開けて一同が中へ押し入ると、夫人は両手を上げて立ちふさがって制止しようとした。斎藤邸は日本家屋ではあるが、寝室には絨毯を敷いてベッドを置いてあった。斎藤内府は寝巻きのままベッドの上にあぐらをかいて起きていた。そこで、夫人を押しのけて安田少尉が拳銃を発射した。続いて坂井中尉、高橋少尉、林武伍長も加わって、四人で口々に「天誅」「国賊」と呼ばわりながら拳銃を乱射した。内府はベッドの向こうへころがり落ちた。このとき夫人は倒れた夫に覆いかぶさるようにしてかばい、「巡査はどうしましたか。私を殺してください。主人はお国が必要とします」と絶叫した。巡査は三十人ほど警護についていたが、夫人のように身をもって内府をかばおうとする者は一人もなく、一発も応射することなく降伏した。首相官邸詰めの巡査の勇戦、殉職と対照的である。夫人が「巡査はどうしましたか」と絶叫しても応える一人もない。襲撃側は夫人を押しのけて、さらに拳銃を浴びせた。すでに内府は人事不省のようであったが、高橋少尉が軽機関銃射手中島与兵衛上等兵に射撃を命じたので、中島上等兵はベッドの上に乗って軽機関銃を腰だめにしてバリバリと乱射した。内府は全身に拳銃・軽機関銃の銃弾四十七発を浴びて即死した。夫をかばおうとした夫人・春子も銃創を受けた。凶行を終えた坂井中尉は、斎藤邸を出て、部隊全員を路上に集合させて、血のりに染まった手を示して「これは悪賊斎藤の血である、みんなよく見ろ」と叫んだ。

　鈴木侍従長官邸へは、安藤大尉指揮の歩三第六中隊および機関銃四個分隊が向かった。予想より塀が低く、用意したハシゴの必要もなく、邸内への侵入は容易だった。鈴木侍従長を見つけたのは、第一小隊第三分隊長・奥山粂治軍曹である。奥山軍曹は侍従長を生きたまま安藤大尉に会わせようとしたが、彼が安藤中隊長を呼ぼうとするより先に、堂込喜市曹長と永田露曹長が、それぞれ二発ずつ拳銃を発射した。四弾のうち、一弾ははずれたが、三弾は、眉間《みけん》、心臓、睾丸《こうがん》と急所をついた。だが、眉間の一弾は頭蓋内にいたらず、心臓の一弾は心臓をわずかにはずれ、いずれも致命傷とはならなかった。かつて日清・日露の戦役で、その勇猛ぶりから「鬼貫太郎」と異名をとった侍従長もたまらず、

安藤輝三大尉

その場に崩れるように倒れた。

　そこへ、どこからか夫人たかが現われて、倒れた侍従長のそばに正座して微動だにしなかった。やっと安藤大尉がやって来たとき、下士官が銃口を侍従長ののどにあててとどめを刺しましょうかと聞いた。そのとき夫人がはじめて口を開いて、

「とどめはどうかやめてください」

と言った。

　侍従長夫人は、天皇が幼少のころ、その膝を枕に眠っ

た、天皇にとっては母親のごとくなつかしい旧姓・足立たかである。夫人は、天皇の軍隊が、天皇の信任厚い夫、しかも海軍大将の夫を襲撃したことに夢想外の狼藉を感じた。かつて皇孫殿下ご養育を拝命したときは二十二歳だった彼女も今は五十の坂を越えている。しかし老いを感じさせない凛とした気品は、二・二六事件参加将校のうち最も部下の信任厚く、最後まで決行を迷い続けた安藤大尉には、感銘を与えたようである。[1] 安藤大尉は、侍従長の出血が激しいのを見てとどめは不要と判断したものか、倒れている侍従長に挙手の礼をし、号令して部下に捧《ささ》げ銃《つつ》の礼をさせて引きあげた。夫人が名前を尋ねると、「麻布歩兵連隊第三連隊第六中隊長、安藤輝三」と名乗って、ひまがありませんからこれで引き揚げますと言い捨ててその場を去った。

　たか夫人は、どくどくと出血する夫の傷口に手を当てて、医者が来るまで圧迫止血を続けた。かくして侍従長は一命をとりとめたのである。

　のちに侍従長は総理大臣となって終戦のために尽力することになる。総理辞職後に余生を送った千葉県関宿の旧宅跡には、現在は鈴木貫太郎記念館が建てられていて、その正面玄関前には直筆の書からとった「為万世開太平（万世のために太平を開かん＝終戦詔書の言葉）」の文字を刻んだ石柱が建っている。二・二六事件で危うく一命を落とすところを、天は終戦の最後の切り札として鈴木貫太郎を残しておいたのであったろうか。

　事件の前の晩、斎藤内府夫妻と鈴木侍従長夫妻はアメリカ大使館の晩餐に招かれてトーキー映画を観賞した。上映時間は百五分という当時としては長編の映画だったが、斎藤内府はトーキー映画を見るのは初めてとあって食い入るように見たという。お客は十一時半ごろ帰宅し、グルー大使が大使館の玄関まで見送った。彼らはその約五時間後に襲撃されたことになる。戒厳令下の翌二十七日、グルー大使は敢然と斎藤邸に弔問に出かけた。自分も腕に銃創を負って三角巾で腕を吊った春子夫人が出迎えた。

「彼（斎藤内府）は安らかに眠っているようだった。われわれはどれほど彼を愛し、彼に敬服し、彼を尊敬したことだったろう。彼の顔からは愛嬌のいい微笑が消えたことなく、彼の白髪は、彼が高い位置や有益な生涯で獲得した高貴さとは全く別な、高貴さを彼に与えていた。暗殺のたった数時間前、彼は私たちの食卓につき、元気に愉快にアリス（大使夫人）の横に座を占め、一方彼の夫人は私の横に、また受けた傷から死に瀕している鈴木提督は、私と向合いに坐っていたのだ。

今日悔みに行ったとき、斎藤夫人は遺骸の前に並んで跪《ひざまず》いている私に、彼女の夫は昨晩までトーキーというものを見たことがなく、大使館邸での映画を非常に喜んだ。あれほどたのしい一晩を与えてくれたことについて彼は必ず彼女に、私たちに礼をいうことを望むだろうといった」

と、グルー大使は二月二十七日の日記に書き記している。

渡辺総監は天皇機関説に同情的な態度をとり、真崎総監更迭において林陸相を強く支えた人物だった。二・二六事件の首謀者の一人である村中孝次と渡辺総監との間には、渡辺錠太郎中将が旭川の第七師団長だったとき、同じ旭川の歩兵二十六連隊勤務の村中少尉にドイツの戦史の翻訳を命じ、そのできばえの見事さに自筆の色紙を贈ったという縁があった。そうした個人的縁故があっても、真崎総監更迭に動いてその後任となった以上、襲撃対象からはずれるわけにはいかなかったようである。斎藤内府を襲ったあと、坂井中尉の部隊は二つに分かれて、主力部隊は坂井が引率して陸軍省付近に移動し、安田・高橋両少尉ら約三十人が渡辺総監襲撃を担当した。渡辺総監の私邸は荻窪にある。襲撃部隊は、赤坂離宮前で田中勝中尉のトラック部隊と落ち合ってトラックに乗り込み、赤坂離宮前から四谷の電車通りに出て青梅街道約十二キロを西に疾駆した。すでに事件開始から一時間ほどたっていたので、渡辺邸には牛込憲兵分隊から警報が伝えられていた。電話を受けた護衛宿直の憲兵が寝巻きから軍服に着替えて武装した時、表門にトラックがとまって襲撃部隊がやって来たのである。たった二人の護衛兵力で三十数名の襲撃部隊と戦って勝ち目のないことはわかりきっている。渡辺大将の長女政子は医師の久保盛徳《もりとみ》と結婚してすぐ近所に所帯を持っていた。だから牛込分隊の急報に、憲兵はすぐに大将に自宅を出るよう電話口で叫べばよかったのである。長女にまで難が及ぶのを避けたいとしても、そのころの荻窪の住宅街は閑静な田園地帯で、森あり、林あり、しばらく身を隠すのに不都合はなかったのである。憲兵勤務の長かった大谷敬二郎は、「およそ、身辺護衛は、護衛者、被護衛者とその家族の三位一体でその安全が期せられるということである。この三者が万全の案をねり、しかも、その各々の対処に習熟しておくことが望ましい」と述べている。この場合も、青年将校が渡辺総監を狙っていることはわかっていたのだから、あらかじめ部隊が襲撃に来たときの対処法を打ち合わせしておけばこうした不手際は避けられたであろう。

　事件後、護衛憲兵は辱職罪で軍法会議送りになりそうになったが、結局行政処分で除隊となった。安田少尉は護衛憲兵から拳銃で撃たれて右大腿部に貫通銃創を受けたが、数分で立ち上がって屋内に侵入した。夫人すず子は「それが日本の軍隊ですか」と叱咤したが、安田少尉は「私どもは閣下の軍隊ではなく、陛下の軍隊です」と応じた。夫人を押しのけ、隣室のふすまを開けると、渡辺大将は布団を積み上げて防壁代わりにしながら、拳銃で応戦した。安田少尉が身をひねりながら応射するのと、高橋少尉の拳銃弾、さらに軽機関銃弾が大将に集中するのと同時だった。渡辺大将は絶命した。

いっぽう、湯河原で静養中の牧野伸顕前内大臣のほうには、河野寿大尉ら八名の襲撃隊が向かった。「電報、電報」と叫んで、静養先の伊藤屋別館「光風荘」の勝手口を開けさせ、出てきた護衛の巡査・皆川義孝に拳銃を突きつけて「牧野の寝室に案内せよ」と命じた。皆川巡査は両手を上げて歩き出したが、廊下を曲がったとたん、身をかがめてふり返りざま拳銃を連射した。河野大尉と宮田晃予備曹長が被弾したが、すかざず河野大尉も応射して、大尉と巡査はほぼ同時に倒れた。河野隊はいったん後退し、負傷した大尉は「オレの代わりに誰か突っ込め」と言ったが、相手が拳銃で応戦するとわかったら、誰も河野大尉の命令に応ずる者がない。いたしかたなく焼き打ちすることにして放火した。

多くの文献では、牧野前内大臣は看護婦・森鈴枝の機転で女物の着物をかぶって裏山に脱出したことになっている。だが、牧野伯爵と親しく交際していたグルー大使によれば、牧野伯は着物をかぶって逃げたのではなく、燃え上がる「光風荘」の炎に照らされて、牧野伯たちの姿が丸見えになったとき、孫娘の和子が祖父の前に着物を広げてかばったのだという。和子の母は牧野伯の娘の雪子で、その夫で和子の父は戦後総理大臣になる吉田茂である。和子はのちに実業家・麻生太賀吉と結婚し、生まれた息子・麻生太郎は平成の総理大臣となる。和子はグルー大使の娘のエルシーと特に親しくしていたというから、グルー大使の記述は現場にいた和子の直話に基づくものと思われる。

河野隊の射撃で森看護婦は右腕に一弾を受けたが、牧野前内大臣らは、かけつけた地元消防団員に無事に収容された。火事は「光風荘」を半焼して鎮火したが、焼け跡からは皆川巡査の焼死体が発見された。

（1）「全くの白痴や賎《いや》しい人間に対しては、高い知性だの、高貴などというものは何の感銘をも与えることができない」（ヘーゲル『大論理学』）

四　未遂に終わった宮城占拠

近歩三の中橋基明中尉は、高橋蔵相を襲撃したあと、突入隊を中島莞爾少尉に引率させて首相官邸に向かわせ、自分は高橋邸の外で待機していた今泉義道少尉指揮の守衛隊控兵約八十名を率いて宮城の半蔵門に向かって出発した。あらかじめ伝令を出して、宮城の日直司令に、帝都に突発事件が生じたため赴援隊として駆けつける旨知らせておいた。正式には、宮城守衛隊司令官は、緊急事態の場合兵力増強のための当番控え兵派遣を連隊長に連絡し、連隊長は控兵中隊に赴援の任務を命令する。だが、連絡の余裕がないときは赴援隊の独断宮城派兵は認められる。中橋中尉は明治神宮参拝の途中、突発事件に遭遇したから緊急事態と考え、赴援隊として来た、と称した。宮城守衛隊も事件の発生はすでに知っていたから、中橋部隊が襲撃部隊とは知らない守衛隊では、赴援隊の来着を頼もしく思うぐらいで、何の疑いもなく門内に入れた。

中橋中尉は午前六時ごろ、守衛隊司令官・門間健太郎少佐のもとに到着し、坂下門警備を願い出て、中橋中尉の率いる控兵は午前七時半ごろから坂下門の警備に任じた。中橋中尉は近歩三古参の将校の間では札付きの「危険人物」であったが、園山連隊長がそうだったように、門間第三大隊長も着任から日が浅く、二年前に満州に左遷された中橋中尉の危険性を知らなかった。宮城の出入りは、天皇は二重橋、臣下は坂下門が正門となっていた。守衛隊の赴援隊は坂下門が定位置になっていたから、中橋が守衛隊司令官にそう申し込んだのである。

宮城警備の非常配置となると、電話連絡、伝令、巡察、皇宮警察との配備上の打ち合わせなど、てんやわんやの状況になる。中橋部隊が坂下門に配備されるまで一時間以上も時間がかかったのもそのせいである。このころ、門間少佐には中橋に対する不安が生じたようである。午前八時ごろには、よほど襲撃の状況がはっきりしてくる。高橋邸を襲撃したのが中橋部隊とまでは明確になっていなくとも、近衛連隊からも決起に参加したようだぐらいの情報は届いていたであろう。中橋が正式のルートではなく、守衛隊が事件を知ってほとんど間をおかずに現われたことも気になったであろう。門間少佐は、片岡特務曹長に命じて中橋中尉を呼び戻しに行かせた。片岡特務曹長が坂下門のほうに行こうとすると、石垣の土手の上に立って警視庁占拠部隊に手旗信号でなにか合図を送ろうとしている中橋中尉を認めた。中橋の挙動の意味は不明でも、占拠部隊に連絡しようとするのは危険と考えて、とっさに特務曹長は中橋の後ろから組み付いて羽交い絞めにして土手から引きずりおろした。

警視庁を占拠した歩三の野中大尉は、清原康平少尉に、やがて宮城方面から送られるはずの信号を警視庁屋上で受けよ、と命じた。警視庁と宮城は目と鼻の先である。警視庁の屋上に立てば宮城は丸見えである。清原は横に信号用の手旗を持った通信兵を置いて正面の宮城をにらんで宮城内からの信号を待った。ところがいくら待っても信号は見えず、待ちぼうけに終わった。清原少尉は処刑されず、戦後になって松本清張にこの証言をしたが、このときは野中大尉と中橋中尉の取り決めの内容までは知らされていなかったと言った。

中橋は守衛隊司令部に連れ戻されたが、彼が決行部隊指揮官の一人であるとは、まだ門間少佐は確信していなかった。門間少佐はとりあえず大高政楽少尉に監視を命じた。松本清張に対する大高元少尉の戦後の証言は、以下の通りである。

「中橋は目を血走らせ、ただならぬ様子だった。私は（略）中橋中尉がたいへんなことをやり出したにちがいないと覚《さと》った。覚ったというよりも推察した。

つまり、中橋中尉は宮城を占領しようとしているにちがいないと思ったのだ。中橋の日ごろからの言動と、眼前の異様な態度から、かく判断した。

中橋中尉は現在も同じ連隊の上官である上に、かつての上官でもあった。その中橋中尉が控兵中隊を率いて赴援隊として宮城にはいったからには、私としてはその指揮下にはいらなければならない。だが、中橋の言うとおりに従っていたら、それこそ大変なことになる。そうはさせるものかと私は心を奮い立たせた。上官の命に背くことになってもやむを得ない。自分の判断で行動するのが一番ただしいと思った。

私は、隣りの控所にいた兵五、六名に着剣させて連れてくると、中橋中尉を囲ませた。これには中橋中尉は意外だったらしいが、私を睨《にら》みつけ、どうしてこんなことをするのだ、と怒気《どき》を含んだ声で私を詰問した。

私は、中橋が私のとった処置にだけ怒っていると分ったので、兵に銃から剣をはずさせて、控所に引きあげさせた。（略）

兵が部屋にいなくなったあとは、中橋中尉と私だけとなった。

中橋中尉と対《むか》い合って、私はなんとなく拳銃をとり出した。中橋は『おれも持っているんだ』と拳銃を出した。私のは中型のモーゼルで、中橋のは大型のブローニングだった。そのブローニングからプーンと硝煙の臭いがしてきた。発射して間もないことが分った。何かをやったことは間違いない。私はいよいよ中橋に疑惑を深めた」

大高少尉は、中橋中尉と拳銃を抜きあって真っ向からにらみ合いをしたわけである。ここで、高橋蔵相には拳銃を撃ちまくった中橋中尉は、拳銃を構えている大高少尉に対しては、引っ込んでしまったのである。人間を「身内」と「ヨソモノ」に区別して「身内」はかばい「ヨソモノ」はいじめるという「アジア的」社会の通則にしたがって、「ヨソモノ」の高橋蔵相は殺しても、同じ近衛連隊の軍人同士では「皇軍相撃」を避けたい気持ちが働いたのかもしれない。

松本清張に宮城内からの合図があったらどうするかまでは知らされていなかったと言った清原少尉は、その証言からさらに長年月を経てのことであろうが、半藤一利には、合図があったら野中部隊がどっと宮城にはいって、一気に宮城を押さえてしまう計画だったと明かした。宮城に立ち入りできる赴援隊が坂下門の配備についていたら、警視庁占拠に向かった歩三の野中隊四百人も合流する手はずだったのだが、宮城占拠が失敗したので、野中隊は警視庁占拠だけなら多すぎる部隊で警視庁占拠を続けたのだという。かくして、もし彼らが宮城にはいり、天皇と直接対面していたらどうなったかは歴史のifにとどまることになった。

　代々木刑務所で、村中が所長・塚本貞吉に語っていた内容が、大谷の『二・二六事件の謎』に書き記されている。

「勝つ方法としては、上部工作などの面倒を避け、襲撃直後すかさず血刀を提げて宮中に参内し、恐れ多いが陛下の御前に平伏拝謁して、あの決起趣意書を天覧に供え目的達成を奉願する」

　これが彼らの目論見だったのだ。

「血刀を提げた」彼らが直接天皇と対面していたら、彼らの想像とは全く異なる態度を示す天皇にどう対応しただろうか？

　林八郎少尉とともに首相官邸襲撃に加わった池田《いけだ》俊彦《としひこ》少尉は、事件後の軍法会議で無期禁固となり、昭和十六年末に仮釈放となって生き延びた。彼が昭和六十二年に発表した回想に、『本庄日記』に描かれていた天皇の激怒を知って非常にショックだったと書き記している。

　事件の数十年後に現実の天皇の激怒を知って激しい衝撃を受けたぐらいだから、事件の当日に天皇と対面して激怒を目の当たりにしていたら、青年将校たちの周章狼狽はいかばかりだったろうか。決起部隊が宮城を占拠していたらどうなったかの疑問は尽きないが、現実には、中橋中尉は警視庁の野中隊に信号を送ることに失敗した。彼は、便所に行くふりをして守衛隊司令部を抜け出し、二重橋を渡って一人で歩いて陸相官邸に到着した。二重橋の歩哨にまでは中橋中尉を押さえるよう命令は徹底していなかった。

五　戦い済んで……

「戦い済んで日が暮れて……」というのは、日露戦争で満州の荒野に斃《たお》れた戦友を歌った軍歌「戦友」の一節だが、襲撃は夜が明けきるころにはすべて終了した。〝戦い済んで夜が明けて〟、雪に覆われた帝都は大騒ぎになった。

青年将校の目論見は、幕末の過激志士がよく言った「玉《ぎょく》を押さえる」ところにあった。つまり天皇をとったほうが「官軍」になるのである。宮城占拠には失敗したが、これで天皇に直接上奏できる人間で、親英米・軍縮派はほぼ一掃された。「玉を押さえる」まではできなかったとしても、君側の奸を取り除きさえすれば、これで自分たちは「官軍」になれるつもりだったろう。現実の天皇と自分の頭のなかの天皇の違いを知らない彼らは、天皇は自分の思いをわかってくれるつもりでいるのである。

歩一の山口一太郎大尉の妻は本庄武官長の娘だった。だが、本庄武官長は、自分の娘婿にも、天皇が傀儡みたいに操ることができる人物かどうか知らせていなかったようである。そして、実際の天皇について無知であることにかけては、〝同志〟の青年将校たちも山口大尉にひけは取らなかった。情報が不足しているときには情報収集に努めるのが普通であろう。正確な情報を集めれば、皇道派将校たちにも、天皇は憲法を重んじ、機関説問題で紛議を引き起こした皇道派を嫌い、特に今回更迭された真崎大将を嫌っていたこともわかったはずだが、情報の不足は自分勝手な想像で補うのが狂信者の特徴である。武官長は、宮中における武官の立場が弱いことを漏らすぐらいはしたようだが、青年将校たちは、それは側近の文官たちが天皇を操っているせいとしか受けとらなかった。彼らは、天皇の「聖明」を曇らせている重臣たちを殺しさえすれば、天皇は自分たちの味方になってくれると思い込んでいた。常に、無知な人間には、「わかりやすく」、かつバカらしく浅薄な思い込みほど受けるものである。〝同志〟山口の義父が武官長である以上、決起後天皇が自分たちの味方をしてくれるのは確定事項とみなされた。

午前五時ごろ、つまり決起部隊がそれぞれの襲撃地点に到達したころだが、本庄武官長は、女婿山口大尉の使者、伊藤常男少尉の来訪を受けた。

「連隊の将兵約五百、制止しきれずいよいよ直接行動に移る。なお引き続き増加の傾向あり」

伊藤少尉が差し出した紙片には、そのような意味の伝言が記されていた。これは一大事である。

「なにか、これは。即座に中止させるよう山口に言え。いいか、どんなことがあってもやめさせねばならぬ」

武官長は声をふるわせて伊藤少尉に指示した。武官長は、就任以来約三年、天皇のそば近く仕えて、天皇の人となりを理解している。決起がどんな結果をもたらすかは、瞬時に予想できた。いまや、自分の娘が謀叛人の妻になるかどうかの瀬戸際である。伊藤少尉が、すでに部隊は出動しております、と言うと、「追いかけて中止せよと山口に言え」と言い捨てて、参内の支度《したく》をした。

天皇は午前五時四十分ごろ、甘露寺《かんろじ》受長《おさなが》侍従の報告で事件を知った。侍従が斎藤内府は落命、鈴木侍従長は重体である旨上奏した。

天皇は甘露寺侍従の報告を受けたあと、

「とうとうやったか」

と沈痛な声で言い、やや間をおいて、

「まったくわたしの不徳のいたすところだ」

とつぶやいた。天皇は、しばらくは言葉もなく立っていたが、このとき甘露寺侍従は天皇の目に涙が光っているのを見た。甘露寺侍従は、いったい誰が陛下に「わたしの不徳」と言わしめたのか、これほどの不忠があろうかと、怒りとも悲しみともつかぬ激情が心の底から突き上げてきて、目がくらみそうになった。

天皇はしばらく黙していたが、やがて意を決したように、

「あの者たちは反乱軍だ」

と力強い言葉を発し、

「そして暴徒はその後どの方面に向かったかわからないか、まだほかにも襲撃されたものはないか」

と尋ねた。詳細不明との奉答を聞くなり、ただちに、いつもの背広ではなく、陸軍大元帥の軍装を着用して政務室に出御した。

池田は半世紀後の回想で、

「陛下はこの事件の勃発により、ご信任厚い元老重臣の方々が殺害されたことに対して、激しいお怒りのお気持ちを持たれたことは事実であるが、事件勃発をお知りになった時、いきなり決起部隊を叛徒と仰せられたのではなく、速やかに原隊に帰せよと仰せられたのである」

と述べている。確かに『本庄日記』の記載では、事件の朝、本庄武官長が初めて天皇に拝謁した際

には「叛徒」という言葉は発せられなかった。だが、それ以前に、高宮太平の『天皇陛下』に明らかなように、甘露寺侍従が第一報をもたらしたときに、すでに「暴徒」と呼んでいるのである。「速やかに原隊に帰せよ」とも一度も言っていない。「速やかに暴徒を鎮圧せよ」と事件の発生から終結まで一貫して繰り返し厳命したのである。「国憲を重んじ国法に遵う」（教育勅語）ことを規範意識の根本とする天皇にとって、反乱部隊は「叛徒」でしかあり得ないのが当然であろう。

午前六時ごろから、本庄武官長、木戸《きど》幸一《こういち》宗秩寮《そうちつりょう》総裁、湯浅《ゆあさ》倉平《くらへい》宮内相らが、相次いで参内してきた。

冬の早朝、しかもなお雪は降り続いている。政務室には侍従が急いでバルブをひねったスチームの暖気が流れ始めていたが、それでも夜中冷え切った室内は、凍えるように寒かった。天皇は、その寒い室内で、大元帥の軍装で、机を前に端座していた。

「どのようなことか」

と、天皇は、武官長が伺候すると急き込んだように声をかけた。声音《こわね》には明白な怒気が含まれている。

武官長は、歩一、歩三、近歩三の一部が出動して、斎藤内大臣、岡田首相、鈴木侍従長、高橋蔵相を襲撃したこと、これら要人の生死はいまだ不明だが、軍隊の出動という事態から見て、楽観は許されぬことなど、これまでに入手した情報を上奏した。天皇は、側近の老臣が襲われたことにひとしお衝撃を受けた様子で、ケガをしたのか、死亡したのか、と、下問した。武官長が速やかに陸相を参内させて報告させますと奉答すると、

「未曾有《みぞう》の不祥事である。速やかに事件を終息せしめ、禍《わざわい》を転じて福《ふく》となせ」

と、天皇は不快と憂慮をあらわにした表情で語り、今後も情報がはいり次第直ちに伝えよと指示した。

武官長は、武官室に戻ると陸軍省、参謀本部に連絡して責任者を参内させるよう命じたが、部下の武官たちは、陸相官邸、陸軍省、参謀本部には、すでに何度も電話したが、電話口に出るのは明らかに決起した青年将校で、これら陸軍の中枢部は占拠されているらしい、川島陸相の所在も、生死すらも不明と答えた。

川島陸相は、そのころ、陸相官邸で、香田清貞大尉、村中孝次、磯部浅一と対座していた。香田大尉は、「至尊絶対の尊厳を藐視《びょうし》（軽視）」する元老、重臣ら「国体破壊の元凶」たる「奸賊を誅滅」するために決起したのだとの「決起趣意書」を朗読し、さらに宇垣派、統制派と目される将軍を逮捕せよといった要望事項を示した。特に彼らが望んでいたのは天皇による是認である。

昭和天皇

従来の歴史書では、二・二六事件には、決起後の計画が立てられてなかったように書かれている。天皇機関説を排撃する彼らとしては、自分たちのほうから決起後の新内閣の陣容に口出しするのは「大権私議」にあたると恐懼《きょうく》したと考えられてきた。その前提に立って、丸山眞男は、日本のファシズムの特徴として「甚だしく観念的、空想的、無計画的[1]」と酷評している。

この点、鬼頭春樹は『禁断　二・二六事件』で、さまざまな状況証拠を積み重ねて、決起将校は、北一輝の『日本改造法案大綱』の私有地限度条項「日本国民一家の所有すべき限度は時価十万円とす」を実現しようとしたのだとしている。すなわち戦後実現した農地改革を目標にしていたのだという。その実現のために伏見宮を新たな内大臣に就任させることにし、そこに真崎甚三郎と加藤寛治も共謀していたと推測している。いかにもありそうな仮説ではあるが、決定的な証拠がない以上、これは仮説に留まる。

憲兵として事件関係者の取り調べにあたった大谷敬二郎は、事件で中心的役割を果たした磯部が『改造法案』の強固な信奉者であったことから、

「もし維新の大詔を仰いで革命成功となれば彼（磯部）の実行力とその指導力は同志将校を引きずって、一点一字の修正を許さぬという改造法案の実現に獅子奮迅の勇をふるったであろうことは、間違いのないところである。（略）結果として、北の改造法案の実現というところに落ち着かざるをえないであろう」

と推測している。

要望を通すためだけなら、むしろ政府要人は殺害するよりも人質にしたほうが有利に思える。半藤が、戦後ずっと経ってから、当時の決起将校の生き残り四人に対するインタビューで、「殺すことはなかったんじゃないですか」と尋ねたところ、四人とも「そうなんだよなあ」と答えたと言う。いか

に「若気の至り」とは言え、何を考えていたのかと思うところだが、彼らは明確に意識していなかったとしても、重臣惨殺の意義は、参加者を「引き返せない」心理に追い込むところにあったであろう。

不良が不良仲間を増やすときの手口と同じである。相手にも〝悪いこと〟をやらせてしまえば、その相手も先生に告げ口できなくなる仕組みである。その〝共犯〟にする悪事が、隠れてタバコを吸うといった程度ではなく、重臣惨殺であるわけだから、参加者を、しゃにむにクーデターを成功させるしか自分たちが生き延びる道はないという心理に追い込むことができることになる。

この事件は、十ヶ月後に中国で起きた西安事件(注)によく似ている。西安事件は、蒋介石に対する「兵諫《へいかん》（兵力によって諫めること）」と呼ばれた。要するに決起将校は昭和天皇に「兵諫」を行なおうとしたのだろう。張学良も、中国のデスポット蒋介石は、きっと自分の気持ちをわかってくれると考えたのだが、決起将校も、日本のデスポット天皇はきっと自分たちの気持ちをわかってくれると考えたのである。

そして、専制国家では、法律に違反したとしても、デスポットさえ承認すれば罪には問われない。日本は、タテマエとしては立憲国家だったが、多くの国民の根本的意識としては専制国家だった。反乱将校に同情する軍人としては、天皇さえ反乱軍を義軍と承認してくれれば、すべてうまく行くという気持ちになる。

ただ、当時の中国は、孫文のプログラムに言う「訓政期（国民を憲政になじませるための訓練期間）」にあり、憲法がなかったから、蒋介石は名実ともに中国のデスポットであり、彼はどんな政策・法律の変更も可能だったのに対し、日本は憲法発布以来約半世紀、帝国臣民がいかに天皇を現人神とあがめ、デスポットとしてどんな法律変更も可能と思い込んでいようと、天皇自身は絶対に憲法と国法を守る決心を固めていたのである。「国憲を重んじる」天皇が、「国法に遵わない」反乱将校を是認するなど絶対にありえないことだった。

（1）丸山眞男『増補版　現代政治の思想と行動』（未来社）

（注）西安事件：一九三六年十二月十二日、張学良《ちょうがくりょう》の東北軍と楊虎城《ようこじょう》の西北軍が中国国民政府軍事委員長・蒋介石《しょうかいせき》を逮捕・監禁して、内戦停止と一致抗日を要求した事件。

第六章

壊滅

神の怒りは、不義をもって真理をはばもうとする人間のあらゆる不信心と不義とに対して、天から啓示される。

（『新約聖書』ローマ人への手紙第一章第十八節）

一　暴徒鎮圧の厳命

川島陸相は、決起将校たちが持参した要望事項をながめて「やれることもあれば、やれぬこともある」と言い、香田大尉らと質疑を重ねる形になった。陸相は慎重に言葉を選びながらくどくどと曖昧に答えたが、青年将校は、陸相を怒鳴りつけて完全につるし上げの状況になった。川島陸相は、弱りきった表情で、少し考えさせてくれと、大臣室に退散した。すでに午前八時を少し過ぎていた。このころになると、事件はかなり広く伝わっていた。陸軍省、参謀本部に出勤しようとして阻止された将校たちもたむろしていたし、占拠された各地点のあちこちに野次馬の人だかりもできていた。

午前九時半、川島陸相は、自室で頭を抱えているうちに、山下奉文少将、真崎甚三郎大将の来訪を受け、参内するよう説得された。

真崎大将は、右翼浪人の亀川哲也《かめがわてつや》から、当日午前四時半ごろ、事件の切迫を通知されていた。亀川は相沢事件公判を通じて青年将校とつながりがあった。彼は二十五日の夕方西田と村中に会った際、村中が決行をにおわせるようなことを言ったので、気になってその夜歩一に行った。山口大尉に面会すると、大尉は作戦要図と指揮系統図を出していた。そうした雰囲気から事態の切迫を感得して真崎大将に通知して、決起のあとの善処を依頼したのである。真崎大将は、この亀川通報を陸相にも憲兵司令官にも出動部隊の各師団長にも連絡しなかった。何をしたかと言うと、加藤寛治《かとうひろはる》海軍大将と電話連絡をして、伏見宮博恭《ふしみのみやひろやす》海軍軍令部総長と面会する手はずを整えたのである。
鬼頭の前掲書では、二月二十四日に伏見宮の次女が急死したため、二十五日に真崎と加藤が伏見宮邸を弔問を名目に訪れて、翌日の宮中工作について密議を凝らしたことになっている。亀川からの当日の情報以前に、真崎は、旭川憲兵隊長の森木と政治浪人の森伝から決起に関する情報を得ていたのである。

事件当日以前に知っていたか、当日初めて知ったかはともかく、事件を事前に知っていた真崎大将は、事件が起こって、その規模がある程度わかってから、午前八時半ごろ、陸相官邸に到着すると、「お前たちの心はヨオッわかっとる、ヨオッーわかっとる」という、のちに非常に有名になった言葉を磯部にかけた。そして、川島陸相に会うと、テーブルにおかれた決起趣意書と要望事項の紙片を押さえて「こうなったら仕方ないだろう……これで行こうじゃないか」と言った。川島陸相はうなずき、天皇に拝謁することにした。

そこへ片倉衷《ただし》少佐も陸相官邸にやって来た。その日、片倉少佐は出勤途中で事件を知り、ピストルを取りに自宅へ引き返そうかと思ったが、万一の際は将校マントの下にさした軍刀でなんとかする気で、歩哨線を押し通ってきたのだった。片倉少佐が陸相に面会を要求して玄関で待っているところに真崎大将が出てきた。

そのころ陸相官邸には事件を知った幕僚群が詰めかけて、歩哨の制止を聞かずに門内にはいってきており、磯部は一人くらい殺さねば事態を収めることもできぬと感じているところだった。片倉少佐の陰謀で免官にされたと思い込んでいる磯部は〝うらみ重なる〟少佐を銃撃した。少佐が、左のコメカミに殴られたような衝撃を感じて、左方向を見ると、前方二メートルほどの車寄せにピストルを捨てて抜刀して構えている軍服の男がいる。片倉少佐は、血のしたたるコメカミを押さえながら、「射たんでもわかる」と弱々しく言った。片倉少佐は自分を射った男が磯部とはそのときはわからなかったが、もしこの男がとどめを刺しに来たら、軍刀を抜いて、事件の黒幕、真崎大将に突進する覚悟だった。だが、真崎大将が「お互いに血を流すことはやめよう」と、少佐と磯部の間に割ってはいり、同僚に支えられた少佐は、「やるなら天皇陛下の命令でやれ」と怒鳴りつつ去った。片倉少佐は天皇陛下の命令なしに満州事変をひき起こした張本人だから、説得力のない言葉ではあった。少佐は近くにいた陸相の乗用車に乗せられて赤坂の前田外科病院に運ばれ、一命を取り留めた。彼に命中した弾丸は、頭蓋骨で止まっていたのだった。

真崎甚三郎大将

片倉少佐に対する銃撃を目前に見て、玄関にいた多数の軍人は潮が引くように消えてしまった。

片倉少佐が陸相の乗用車を使ったので、川島陸相の参内は少し遅れた。その間に真崎大将は伏見宮邸に参殿し、先に来ていた加藤大将とともに、伏見宮から「強力内閣」をつくって大詔煥発《たいしょうかんぱつ》により事態収拾を図るよう天皇に言上《ごんじょう》してくれるよう依頼した。

鬼頭の推測では二十五日のうちに真崎、加藤、伏見宮の三者の共謀が成立していたことになっているが、加藤寛治が憲兵隊で供述したところでは、事件を知ったあとで、事件収拾のために真崎が伏見宮に依頼したことになっている。

いずれにせよ、伏見宮軍令部総長は真崎、加藤の意を十分に体して参内した。真崎と加藤、それに伏見宮も、天皇の賛同を得ることは容易だと思っていたであろう。皇族が危急に際して天機奉伺《てんきほうし》に参内したと聞いて謁見《えっけん》した天皇は、反乱軍に味方するような上奏を聞いて不快感をあらわにした。天皇は自分の意見は湯浅宮内大臣に話してあるとだけ告げた。伏見宮が重ねて、宮内大臣にその内容を尋ねてもいいかと尋ねると、それは保留すると、とりつくしまもない冷たい態度を示した。真崎は、早朝自宅を出るときから、大命降下のあることを期待して勲一等の略綬《りゃくじゅ》を佩用《はいよう》していたが、天皇のこの態度を伏見宮から伝えられて、急に決起将校寄りの態度を改めるようになった。

真崎と同じころ参内した荒木大将は、「歴代詔勅集」を携行していた。このことから、大谷は、真崎は荒木とも打ち合わせをして、維新の大詔渙発を狙っていたのだと推測している。

川島陸相は間もなく参内して、事件の経過を報告するとともに、決起趣意書を読み上げた。天皇の表情は、陸相の朗読が進むに連れてけわしさを増し、陸相の言葉が終わると、なにゆえにそのようなものを読み聞かせるのか、と語気荒く下問した。陸相が、決起部隊による大官殺害は不祥事ではあるが、陛下ならびに国家につくす至情に基づいている。彼らのその心情を理解いただきたいためであると答えると、

「今回のことは精神のいかんを問わず、はなはだ不本意なり。国体の精華を傷つくるものと認む」

と、きっぱり断言し、思わず陸相がハッと拝礼すると、その首筋にさらに鋭く天皇の言葉が追い打

ちをかけた。
「朕が股肱《ここう》の老臣を殺戮す。このごとき凶暴の将校ら、その精神においてもなんの恕《ゆる》すべきものありや」

天皇は一刻も早く「事件を鎮定《ちんてい》せよ」と川島陸相に命じ、陸相が恐懼してさらに深く拝礼すると、
「速やかにやれ、速やかに暴徒を鎮圧せよ」と、はっきり決起部隊を「暴徒」と呼んだ。

川島陸相が、大元帥陛下から「即刻暴徒鎮圧」の厳命を受けて退出したあと、天皇はほぼ二、三十分おきに武官長を呼んで、「暴徒鎮圧」の処置を催促し続けた。なにしろ、斎藤内大臣は死亡、鈴木侍従長は重傷である。湯浅宮相、一木枢密院議長も参内してはいるが、宮内省は宮中のことにのみかかわり、政治向きのことには関わらないのが明治憲法のタテマエである。そうは言っても、湯浅宮相も一木議長も、本庄武官長とともに、新内閣成立の日まで宮中に泊り込み、随時天皇の下問を受けたが、暴徒鎮圧に関する御下問が武官長に集中するのはやむを得ない。

法律は、例外を設けずに「法の下の平等」を貫くから「法の権威」が保たれる。これに対し、誰か法の適応をまぬがれる「例外」をわずかでも設けると、社会はデスポティズム、つまり専制社会となる。近代思想家ジョン・ロックの名言を借りれば、「法が終わるところ、常に暴政が始まる」ということである。天皇は、それがわかっているから、絶対に自分でも、自分の意思よりも憲法の規定を優先してきた。ところが、世間の「小天皇」は、自分の決めたことでも、自分の都合に合わせて変更して勝手を通す。そういう実例を見慣れてきた将校たちは、きっと「大元帥」は、もっと勝手を通せるのに違いないと思い込むのである。ところが天皇は法律をねじまげることは決してしない。

なぜ明確な処置をとらぬのか、何をしているのか、と、天皇は怒りと焦慮をあらわにして、荒い足どりで室内をぐるぐると歩き回った。

二　国体は明徴された

半藤は、このときの天皇のかつてない激怒と断固たる処置は、決起部隊が天皇の母親代わりだった侍従長夫人にまで危害を加えたせいではなかったかと推測している。

それは確かに激怒しただろう。しかし、天皇は、昭和四年に張作霖爆殺事件の仕掛け人たちを軽処分で済ませようとした田中義一首相に辞職を迫った一件以後、どれほど激怒しても責任ある輔弼《ほひつ》機関の決定は必ず嘉納《かのう》してきた。そんな激情に駆られてのことではあるまい。

私は、内閣が消滅したという事情によるものだと思う。木下道雄の『側近日誌』にも、「すべて内閣の上奏によりて事を行う主義も、この時だけは首相所在不明の為、自ら討伐令を出した」と、天皇自身の直話として昭和二十一年三月十八日のところに記録してある。明治憲法によれば、責任ある輔弼機関の決定は、どんなに意にそまぬことでも嘉納しなくてはならない定めだが、すでに内閣は消滅している。今や、天皇は大元帥として輔弼者なしに反乱軍の討伐を指揮・統帥しなくてはならなくなったのである。つまり、青年将校たちの言う「破邪顕正《はじゃけんせい》の義挙」により聖上の聖明を曇らせる妖雲を打ち払ったことによって、彼らが目指した「天皇親政」が実現されたのである。宮中の九重《ここのえ》の雲に包まれて誰も測り知ることができなかった天皇の意志が、今や国家意志そのものとなって公然とその真の姿を現わしたのである。言い換えれば「国体の真姿《しんし》が顕現《けんげん》」したのである。

大正十年に少将で予備役となり、その後大阪朝日新聞の客員として軍事ジャーナリストとなった河《こう》野恒吉《のつねきち》は、政界・官界・軍部の政戦両略の機務に携わった広範な人々を歴訪してつぶさに聴取記録し、膨大な資料をもとに『国史の最黒点』という日本の敗戦原因を追究した労作を残した。河野は同書で、「国体は明徴された」との一節を設けて、反乱失敗の一大原因として、「英邁《えいまい》なる天皇の御態度」を挙げている。彼は「いかに真崎に野心があっても、(略)自分から名乗り出て便乗することはできなかった。これは明らかにわが国体のしからしむるところである。南米などに流行の革命暴動であれば、今回程度の騒動でその国の大統領は首都から逃避し、政権は反徒の手に帰したであろう。われわれは今回の変事によって、わが国体の特異性が明徴されたことを、衷心《ちゅうしん》から喜ばざるを得ないのである」と書き記している。

昭和四十七（一九七二）年三月に、昭和天皇がニューヨーク・タイムズの特派員サルツバーガーと会見した際、天皇自身が、自分が立憲的にふるまわなかった例外として、終戦の聖断と二・二六事件を挙げ、「終戦の際は、鈴木貫太郎首相が決定を自分にゆだねたから、やむを得ず自分が裁断を下したのである。二・二六事件の際は、岡田啓介首相が行方不明だったから、自分が閣議を召集せざるを得なかった」と説明したことを、天皇の通訳を務めた真崎大将の息子・真崎秀樹が書き記している。

半藤は、木戸幸一宗秩寮総裁ら重臣が集まって協議したのに暫定内閣はおかないという決定を下したことについてどういう理由だったか不明と書いている。記録がなければすべて謎というのなら、歴史学者の必要はない。歴史学者には、さまざまな偽証と言い逃れとの渦巻くなかで、徹底して証拠隠滅を施された犯行現場の、ほんのわずかな手がかりから犯人を推理する名探偵のような、あるいは患者のわずかな症状の変化から重篤な疾患をごく初期のうちに診断する名医のような能力が要求されるのである[1]。

　そもそも、岡田首相は、この日の正午には無事であることが判明していた。岡田首相の女婿、迫水久常首相秘書官は、首相官邸にひそんだままの岡田首相救出のために、あれこれ算段しているところである。岡田首相は、事件翌日の夕方、首相死亡と聞きつけて官邸に来た弔問客に変装して官邸から脱出することになる。この際、相沢事件で相沢中佐を逮捕した小坂慶助憲兵曹長が機転を利かした。老人ばかり、十二人ほど弔問客を首相官邸に入れ、入れ替わりにモーニングを着た岡田総理がマスクと眼鏡をかけて脱出したのである。弔問客の集団から一人だけ早く退出するというのは目立ってしまう。このとき、小阪曹長が反乱軍の歩哨の前で、大声で「急病人だ、車を入れろっ。だから言わんこっちゃない。あれほど死体を見るなと言っておいたのに、死に顔を見るものだから気持ちが悪くなるんだ」と言って、無残な死体を見て気分が悪くなった老人に岡田首相を仕立てたのである。岡田首相はかくして歩哨の前をすばやくすり抜けたのである。

　小坂曹長は、明治三十三（一九〇〇）年二月二十六日の生まれで、事件当日は三十六歳の誕生日だった。憲兵は、川でおぼれた子供一人を救助しても、賞状と金一封が授与され、憲兵隊の月刊機関誌『憲友』に掲載されることになっていた。ところが、反乱軍三百余名の重囲の中の首相官邸に一命を賭して潜入し、時の内閣総理大臣を救出したというのに、その褒賞《ほうしょう》は岩佐禄郎憲兵司令官の賞状一枚のみであった。『憲友』にはその賞状授与すら掲載されなかった。彼のような良識ある憲兵はやがて憲兵内でも煙たがられるようになったらしく、憲兵を私兵のごとく使った東条英機が首相になった昭和十六年十二月に熊谷憲兵分隊に左遷させられ、翌年には中支に転出させられた。特高憲兵というだけで戦犯容疑のかかるようになった戦後、昭和二十一年二月二十六日、二・二六事件からちょうど十年後の四十六歳の誕生日に、彼は上海軍事法廷で死刑を求刑された。しかし、二・二六事件で首相をかばって死線を越えた小坂曹長は、ここでも禁錮三年の判決で死をまぬがれた。禁錮刑は日本の巣鴨拘置所で執行され、昭和二十四年二月二十六日、四十九歳の誕生日に満期出所した。

まもなく首相が戻ってきそうなら、組閣は絶対緊急に行なわなくてはならない問題ではない。しかも、事件が終息して、実際に組閣する際には、第一指名の近衛文麿公爵が拝辞するなどして非常に難渋したのである。こんな緊急事態に、暫定内閣をどうするかなどという、さほど緊急性のない問題で、だらだらと鳩首会議などやっていられないに決まっている。

『木戸幸一関係文書』では、その事情を以下のように述べている。事件直後に、木戸総裁、湯浅宮相、広幡忠隆《ひろはたただたか》侍従次長が会合した際、木戸総裁が、

「この際もっとも大事なことは全力を反乱軍の鎮圧に集中することである。内閣は責任を感じて辞職を願い出てくると思われるが、もしこれを容れて後継内閣の組織に着手することとなれば、実質的には反乱軍の成功に帰することとなると思う。であるからこの際は陛下より反乱軍を速やかに鎮定せよとの御諚《ごじょう》を下されて、これ一本で事態を収拾すべきであり、時局収拾のための暫定内閣という構想には絶対に御同意なきように願いたい」

と意見を開陳し、他の二人も同意した。

そこで湯浅宮相が天皇に拝謁して、その旨を言上したところ、天皇もまったく同じ考えであった、というのである。重臣たちが考えてみても、かかる未曾有の緊急事態に、断固たる決意を持って適切かつ迅速な判断ができ、なおかつ軍中枢を従わせる権威のある人物は、天皇以外にありえないことは明らかだったに違いない。

（1）「不完全な断片的記録は、いずれも簡略で、あるものは曖昧であり、ときには相矛盾しているので、これらに囲繞《いにょう》される史家は比較対照して推断するよりほかに方法がない。そして史家はたとえ自己の推断をもって事実と同列に置いてはならないとは言いながら、人間性とその強烈奔放な感情の確実な作動との知識は、ある場合には史料の欠無を補填することができるであろう」（ギボン『ローマ帝国衰亡史』）

三　皇軍相撃を望まず

天皇はきっぱり反乱軍を鎮圧せよと命じている。決起部隊の行為は、軍法からも、刑法からも、明白な反乱行為である。だが、軍中枢は躊躇《ちゅうちょ》した。

当時、徴兵忌避の風潮は非常に強くなっていた。徴兵忌避は三年以下の懲役という刑罰が課せられた上に、徴兵忌避者を優先的に徴集するという二重の懲罰規定があった。徴集義務が消滅するのは、満三十七歳である。懲役刑を課せられることがなくなる時効期間を考えればさらに長くなるが、それを除いても、満二十歳から満三十七歳までの十八年間も逃げおおせることは不可能に近い。にもかかわらず、徴兵検査に出頭せず、所在不明の徴兵忌避者となる青年がかなりいた。一九三〇（昭和五）年に茨城県下だけで、徴兵検査人員一万五千人余りのうち、徴兵忌避者の数は三百人を超えたという。保阪正康によれば、一九四二（昭和十七）年の徴兵逃れの「所在不明と逃亡者」数は、全国の合計で八千七百七十八名だったという[1]。

今事件では、軍隊の将校が命令して徴兵に取られた村の青年たちに大官殺害というだいそれた「悪いこと」をさせた上に、命令でやむなく参加しただけの青年が殺されてしまうような事態になったのでは、徴兵忌避の風潮はいっそう強まるであろう。しかも、その原因たるや陸軍の派閥争い、つまり外からみれば内輪もめがもとである。東京警備参謀長・安井藤治少将は、手記に「軍隊相撃は皇国陸軍の大汚点として将来国民皆兵たる徴兵令の精神も滅却せられ、軍部は国民の怨府《えんぷ》として再び健全なる国軍としての再建至難なり」と、皇軍相撃を避けたい理由を書き記している。強攻策が取れないのは、同調派や同情派の存在のほか、この理由があったからである。兵士は、青年将校にとって、軍事的威力の根源であると同時に、人質でもあったのである。その弱みを知っているから占拠部隊は思いのままを主張して中央部を引きずり回したのである。天皇が親任した高官を殺害した将校たちが「皇軍」の名に値《あたい》するかどうか疑問ではあるが、反乱軍も「皇軍」のうちにふくめるとしても、反乱将校たちは陸軍大将で三長官の一人である渡辺教育総監と撃ち合いをしたのだから、すでに「皇軍相撃」

は起こっているのだが、官僚の習性として、ことが起こっていても、ことなかれ主義を通したかったのである。

いわゆる三長官（陸軍大臣・参謀総長・教育総監）のうち、川島陸相は「皇軍相撃《こうぐんそうげき》を避ける」と言い続けた。参謀総長は皇族の閑院宮載仁《かんいんのみやことひと》親王であり、病気静養中だった。渡辺教育総監は殺害されていた。そこで軍事参議官会議で協議が行なわれたのだが、本来、軍事参議官は天皇の諮問機関であり、天皇の諮問なしに会議が行なわれるのは筋違いと言わねばならない。

三長官に代わる権限者としては統帥部の代表としての杉山元《すぎやまはじめ》参謀次長ということになる。杉山次長の手記が高宮の『軍国太平記』に引用されている。それによれば、杉山次長は宮中で川島陸相に「軍事参議官の干渉により、事態の収拾を妨害せられんことを恐れ、陸軍大臣に左の要旨を述べ、川島大臣もこれを諒せり」となっている。その「要旨」とは、「軍事参議官は陛下の御諮詢《しじゅん》ありて始めて御奉答申し上ぐべき性質のものなるに、色々と干渉せられては困る」ということなのだが、荒木大将が「三長官の業務遂行を妨害せんとする意思毫《ごう》もなし。ただ軍の長老として、道徳上、この重大事を座視するに忍びず、奉公の誠を致さんとするものなり」と言うので、これ以上強く押しとどめることもできず「傍観するのやむなきにいたれるが、実際においては事態の収拾に相当の障害を呈せり」ということになったのである。

軍事参議官会議では、まずは、「説得工作」をすることになった。とにかく決起部隊をおとなしく帰隊させようというのである。帰隊させて武器を取り上げてしまえば、あとは何とでもなる。

そこで、

「一、決起の趣旨については天聴《てんちょう》に達せられあり
二、諸子の真意は国体顕現《こくたいけんげん》の至情に基くものと認む
三、国体の真姿顕現の現況（弊風をも含む）については恐懼に堪えず
四、各軍事参議官も一致して右の趣旨により邁進することを申し合わせたり
五、これ以外は一《いつ》に大御心《おおみこころ》に俟《ま》つ」

という、なんだかよくわからない陸軍大臣告示を出した。当初は、この第二項の「真意」の部分は「行動」となっていた。これは命令系統を通じて印刷配布されたのだが、「行動」を是認するような文言は不穏当であるという意見が出て、「真意」と改められたという。

決起部隊将校への告示伝達は、山下奉文少将が行なった。山下少将が読み上げたのは「真意」と訂正したあとの文らしいのだが、それも不確かである。安藤大尉の「獄中遺書」でも、「大臣告示」に二通りあることを決起将校たちが承知していたことがわかる。

「つまり、軍当局は自分たちの行動を承認していただいたのですね」

対馬中尉が質問すると、山下少将は「では、もう一ぺん読む」といって「告示」を再読した。うかつなことを言ったのでは、決起が失敗すれば自分も反乱に加担したと罪に問われかねない。山下少将は、自分の責任を問われるような発言は慎重に避けたわけである。

「要するに、われわれの行動は義軍の義挙と認められたのですね」

と、今度は磯部浅一が尋ねたが、山下少将は「では」と「告示」を三読しただけだった。

告示の第一項は、決起の趣旨が天聴に達した、つまり天皇の耳に届いただけとも受け取れるし、天皇が理解を示してくれたとも受け取れる。実際には、確かに決起趣意書は天聴に達したのだが、天皇は、陸相が暴徒のアジびらを、ところもあろうに宮中で読み上げたことに激怒して、直ちに鎮圧せよと厳命を下したのだった。

第二項など、誰が至情に基づくものと認めたのか主語が不明である。それに、至情に基づく行為は処罰しないのだったら、国法の厳格性は失われる。

最後の「大御心（天皇の意思）に俟つ」も、好意ある大御心の発露を期待せよといっているようでもあり、うまくいかなくても大御心ならあきらめろと引導を渡しているようにも読める。

何を言いたいのかよくわからないのが、右翼の〝怪文書〟の特徴ではあるが、怪文書製造元たる磯部らも、なんだかわからないままに帰隊して武装解除に応じるのはいかにも不安であったらしい。

いっぽう、天皇はしきりに「暴徒鎮圧」の厳命を下し続けていた。あるときは、武官長に、

「朕が最も信頼せる老臣をことごとく倒すは、真綿にて朕が首を締むるに等しき行為なり」

と、漏らした。「真綿で首を締める」というのは、じわじわと相手を責めて動きをとれなくすることを意味する。これは、天皇は、今回の事件だけでなく、大正時代に摂政になる直前に原敬首相が暗殺されたことも含めて、テロや迫害等によって自分の信頼する人物が次々に自分から遠ざけられていくことに対し、非常な危機意識を抱いていたことが読み取れるお言葉である。

事件後に、殺害された斎藤実に代わって内大臣に就任した湯浅倉平が、就任の挨拶のために西園寺

公を訪問した際、湯浅は「老公が涙を流したのを初めてみた」という。西園寺は湯浅に、

「自分は明治、大正、今上三陛下に仕えてきた。申し上げにくいことだが、考えてみると、今の陛下は御不幸なお方だ。一番御聡明の方と思っているが、残念なことに最近は有力な政治家――原、井上、浜口、犬養(注1)と皆殺されてしまい、陛下の側近人無しの格好になっている、本当にお気の毒だ」

と語って涙を流したのだという。西園寺は天皇の苦衷に心からの同情を寄せていたことが知られるエピソードと言えよう。

午後七時五十分、総理大臣臨時代理に任命されていた後藤文夫内務大臣は、閣僚の辞表をまとめて天皇に奉呈したが、天皇は辞表の束を一瞥すると後藤内相に告げた。

「今回陸軍の惹起せる不祥事件はまことに遺憾に堪えず。暴徒は全力をあげてこれを鎮圧すべし。閣僚よろしく協力一致して時局の安定を計るべし。辞表はしばらくあずかりおく」

後藤内相退出後、天皇は閣僚の辞表を開いていたが、本庄武官長を呼んで下問した。

「最も重き責任者たる陸相の辞表文が、他の閣僚と同一文面なるは不思議の感なきあたわず」

天皇は、かつて摂政当時の自分が襲撃された「虎の門事件」のさいの後藤新平《ごとうしんぺい》内相の辞表文が熱誠にあふれていた例を指摘し、このような陸軍幹部の責任感の欠如が事件の誘引になっているのではないかと漏らした。

武官長は、陸相はいずれあらためてお詫び申し上げるはず、と奉答したが、天皇は詫びるよりも「暴徒鎮圧」の実を挙げるのが先決であると押し返し、その後はほぼ二、三十分ごとに武官長を呼んで、どのような鎮圧の措置をとったかを下問した。

武官長は、そのたびに川島陸相、あるいは杉山参謀次長、さらには後藤内相にも天皇の「ご軫念《しんねん》(注2)」を伝えた。

その夜、陸相官邸では、軍事参議官の荒木・真崎・林ら、七人の大将が決起将校たちと会談を続けていた。大将たちはとにかく兵を退けと言い、決起将校たちは決起趣意の実現をはかってくれと言い、押し問答が深夜まで続いた。結局何の結論も出ず、夜明け少し前に七人の大将たちは、宿舎に予定された偕行社に引きあげていった。討議は、終始、遠慮なくタバコを吸い、あるいは夜食のうどんをすすりこみながら発言し、大声と笑い声が交錯する気楽な雰囲気につつまれていた。磯部浅一は、その獄中手記で、親が子供の尻拭いをしてやろうというような「好意的な様子を看取することができた」と回想している。

およそ、公務とは、自分の個人的意思や好悪の感情がどうであれ、公務として遂行するのでなくては、国家はうまく動かない。たとえ決起将校に好感を抱いていたとしても、軍の将帥としては反乱軍の討伐を進めざるを得ないはずである。「泣いて馬謖《ばしょく》を斬る」の故事も教えるように、特に軍法は私情をいれることなく厳格に維持しなくてはならない。決起将校は軍を勝手に動かして政府要人多数を殺傷したというのに、大将がその将校と談笑するなど、将官としての神経の疑われる話である。

だいたい、大将が七人そろって青年将校のいる場所に出かけていくなど、本来呼びつける立場が逆である。青年将校に要望があるならば、部隊が占拠していない場所に呼びつければいい。決起将校が部隊から離れて軍高官と面会に来るなら、一網打尽に逮捕するチャンスではないか。決起に参加した兵隊は上官の命令だから決起に参加しただけで、過激将校と切り離してしまえば帰順するはずである。

小坂曹長は、決起将校が憲兵司令部に乗り込んできたときにそのように意見具申したが、上司の森健太郎分隊長は「複雑な事情」を理由にして小坂曹長の意見を握りつぶした。たぶん、「複雑な事情」とは、森分隊長自身が決起将校に同情していたことと、事件がどっちに転ぶかわからない状況でうかつなことをすれば、決起が成功した場合に自分の身が危ういという打算が働いたことを意味するのであろう。憲兵隊は、貧農出身の一兵卒の犯罪であれば空腹に耐えかねて酒保で盗み食いをしたような小事件でも情け容赦もなく軍法会議に送り込んだが、将校の犯罪となるとそうではなかった。姦通、万引き、強姦のような事件でも、軍の威信を失墜するという名目でうやむやに葬り去る現状に、直接事件処理にかかわってきた小坂曹長はひそかに憤りを感じていた。そういう悪弊が積み重なって今回の大事件に至ったのではないか、軍の威信をとりもどしたいなら今こそ反乱将校を厳重に処罰すべきではないか、小坂曹長は上司の手ぬるい態度にふつふつと憤りがわいたと言うが、一介の憲兵曹長が切歯扼腕《せっしやくわん》してもどうすることもできなかった。

磯部の手記では、

「荒木が第一番に口を割って、『大権を私議するようなことを君らが言うならば、吾輩は断然意見を異にする、お上がどれだけご軫念になっているか考えてみよ』と、頭から陛下をカブって大上段で打ち下ろすような態度をとった。

これが（略）敗退の重大な原因となったのだ。（略）

この会見が全くウヤムヤに終わり、われらもたいした具体的な意見は出し得ず、彼らも何ら良好な解決策を持たず、単なる顔合わせになってしまったのは、劈頭《へきとう》の荒木の一言が非常に有害であったのだ。（略）陛下、陛下で抑えられて、お互いに口がきけなくなったのだ」

　として、さらに、

「同志中に大政略家がいたら、極めて巧妙なかけひき（略）をもって、全軍事参議官と青年将校との意見一致として、事態収拾案の大綱を定めて、上奏裁可を仰ぐことはやすやすたることであったと思う」

　と書き記している。

　どこまでも、磯部は天皇を側近の言うなりになる人物と思い込んでいるのである。実際には、荒木自身が頭から陛下のご軫念を打ち込まれているから、この会見の事態になっているのだとは思いも寄らないことなのである。天皇は憲法の定めに従って、責任ある輔弼機関の一致した上奏は裁可するが、天皇の諮問なしに勝手に集まった「全軍事参議官」と青年将校がどんな意見で一致しようが裁可するはずもないことである。

　いっぽう、三月事件と十月事件の首謀者である橋本欣五郎は、当時、大佐になって三島の野戦重砲第二連隊長になっていた。橋本大佐は事件の報せを受けると、本来の職務を放り出して、直ちに上京して事件の善後策のために奔走した。大佐は、参謀本部作戦課長の石原莞爾大佐と話し合って、天皇に決起部隊一同の特赦を奏請し、部隊を帰隊させて、その上で、軍の総意を結集して、革新政権を樹立して国家革新を断行するということで、青年将校を説得することにした。橋本・石原両大佐は、相沢事件の裁判で弁護人を務め、青年将校と近い満井《みつい》佐吉《さきち》中佐と、二十七日午前三時に帝国ホテルで会見し、部隊の帰順後、大赦を願い出るとともに軍の総意で新政権を樹立して昭和維新に突入するという案で合意に達した。その後、村中は帝国ホテルで満井らの説得を受け、陸相官邸に戻って、寝ている同志たちを起こして、「皇軍相撃を避けるため」として、撤兵を打診した。ところが磯部が憤激して、「皇軍相撃がなんだ。最初から相撃は覚悟のうえではないか。すでに大臣告示が出ているし、ここで決意を固め、踏みとどまるのが、局面打開の道だ」

と主張して、この時点での帰隊は流れてしまった。

（1）保阪正康『あの戦争は何だったのか』

（注1）以下の政治家を指す。原敬《はらたかし》（首相、大正十年刺殺）、井上準之助《いのうえじゅんのすけ》（前蔵相、昭和七年血盟団事件で射殺）、浜口雄幸《はまぐちおさち》（首相、昭和五年狙撃され、その傷がもとで翌年死亡）、犬養毅《いぬかいつよし》（首相、昭和七年五・一五事件で射殺）。

（注2）軫念《しんねん》：天子がきめ細かく心配されること。「軫」は様子を細かく見て心配すること。

四　鎮圧方針

事件の翌日、二十七日も決起部隊の心境は明るさを維持していた。

北一輝は、西田税を通じて決行をやめさせようとしていたことは既述したところである。北は、革命は上下の全体的な計画のもとに行なわなければ成功しないことを、辛亥革命に参加した経験を通じて知っていた。青年将校は自分たちの運動に国民的な支持が得られるものと夢想していた。青年将校たちは、部下の兵から話を聞いただけで、一般社会の世論に通じた気になっていたが、普段彼らの訓話を聞いている部下が、上官である彼らの気に入るような話しかしないのは当たり前である。若者が既成秩序に反発するのはいつの時代も同じことだが、革命が成功するほど国民世論が体制から離反するには、分別のある、兵隊の父兄の世代まで革命に同調するようにならなくてはならない。青年将校は、自分たちが昭和維新の思想を吹き込んだ二十歳そこそこの兵隊の話ばかり聞いて国民世論の支持があると思いこんだのである。

　実際には、決起のあとに国民的蜂起が起こるどころか、各地に散らばる青年将校運動の同志たちすら動くことができなかった。

　北は軍隊の反乱に引き続いて全国民的な蜂起が起こるような状況にないことを認識していた。民衆蜂起がともなわなければ、軍部クーデターの形での成功を目指すしかない。これには上層部の強い協力が必要になる。磯部は内密の打診で、真崎、川島、山下らの承諾を得た気になっているが、口約束にもいたらないような暗黙の了解程度では頼みにならない。だから決起を抑えようとしたのである。だが、彼らが決起した以上、世間では北や西田が決起と無関係と見てはくれないことも、彼らは百も承知だった。もはや自分たちが生きのびるためにはしゃにむに決起の成功のために突き進むしかない。

　決起将校たちは、北邸に電話をかけ、北邸に詰めている西田と話したが、真崎が色よい返事を持ってこないので、前年暮れに第一師団長から台湾軍司令官に転出していた柳川平助中将を台湾から呼ぶなどと腰の据わらない態度を示した。だが、柳川が決起に同調するというのも甘い期待でしかないし、ここで柳川を呼ぶなどと言い出すのは、多少同情を示してくれている軍事参議官全部に対する不信の意思表示になる。とにかく決起将校の保護に尽力してくれそうな内閣をたてるのが何よりの急務である。不満はあっても真崎に事態収拾を期待するしか決起将校たちの、したがって北・西田の生きのびる道はない。二十七日朝、北がお経を読んでいる最中に霊示が出たとして、西田は磯部に電話して「国家人なし、勇将真崎あり、国家正義軍のために号令し、正義軍速やかに一任せよ」と伝えた。このオカルト的な文句に磯部はコロリと参って、決起将校の方針の大きなよりどころとなった。だが、北の「霊告」に出た「勇将真崎」は、天皇の激怒を知ってすっかり腰砕けになっていたのである。

　憲兵隊には、事件初日から「行動隊本部は部外にある」という情報がはいっていた。翌二十七日には、村中が陸相官邸から電話をかけており、いかにも慇懃《いんぎん》な上長に対する態度でなにか指示を受けているようだとして、その電話番号まで通報されていた。陸相官邸には派遣憲兵が勤務しており、彼らは陸相とともに官邸に取り残され、私服姿だったので決起将校からは雇員とみなされたらしく、官邸内で動き回ることができたのである。彼らは情報収集につとめ、決起将校のすきを見て憲兵隊に電話をしてきていたのである。さっそくその中野○○○○番という電話の主を調べて検挙したが、まったく事件に無関係とわかった。村中がかけた電話の相手は北邸の西田であり、陸相官邸から憲兵隊の麹町分隊へは正しく北邸の電話番号が通報されていたのだが、それが本部へは電話番号の最後の一のケタが一番違って伝えられていたのである。北・西田の検挙が遅れたことで、青年将校たちは北・西田の激励を受けて強硬方針を堅持し続けることができたわけで、非常混乱の最中の伝言ゲームとはいえ、電話番号の一番違いが人違い逮捕と事件解決の遅延とをもたらす結果となったわけである。

二十六日午後八時四十分、閣議は戒厳令施行を可決した。

二十七日午前三時、戒厳令が公布され、東京警備司令官・香椎浩平中将が戒厳司令官に任命された。天皇は、その少し前、杉山参謀次長が戒厳司令部の編制その他の必要事項を内奏したとき、杉山次長に注意していた。

「徹底的に始末せよ。戒厳令を悪用することなかれ」

それでも、午前四時四十分、香椎中将が発した戒厳司令部の命令、「戒作命（戒厳司令部作戦命令）第一号」は、依然として決起部隊を「反乱軍」ではなく、「二十六日朝来出動せる部隊」と呼び、戒厳司令部の指揮下の軍隊区分として、歩兵第一連隊長・小藤大佐の「麹町地区警備隊」に編入している。決起部隊の意気は上がった。自分たちが戒厳軍の一部として命令を受けたということは、このまま、戒厳令下に〝国家改造〟をなしとげて、総力戦体制を築き上げることになりそうな話である。とすれば、自分たちは〝昭和維新〟のさきがけをなした「維新の元勲」あつかいされることになりそうな夢想がふくらむことになる。

「勝ち馬」に乗ろうとし、「官軍」についていこうとするのは、ごくありふれた心理である。決起部隊の占拠している首相官邸をはじめとする拠点各所には、右翼団体幹部、陸海軍の予備役将官、さらに青年団や野次馬やらがつめかけて激励した。部隊が移動するときには、沿道の群集から「勤皇軍バンザイ」の連呼が行なわれた。詰め掛けた群衆を前に決起趣意書を読み上げると、大喝采が起こった。なんでも人だかりのする見世物には拍手を惜しまない野次馬の拍手喝采を自分の行為に対する賛同の気持ちの表われと解釈するのは、軽信な人物が容易に陥る勘違いである。青年将校たちも、決起が全国民的な支持を受けているかのような錯覚に陥った。

だが、決起部隊が知らないところで鎮圧作戦は動き出していた。戒厳令公布から約五時間後、「戒厳司令官は三宅坂付近を占拠しある将校以下をもって速やかに現姿勢を徹し各所属部隊長の隷下に復帰せしむべし」との奉勅命令が上奏され、天皇は、杉山次長のメモによれば「至極御満足」の様子で、即座に裁可していた。この復帰命令に服従しなければ武力を行使することになる。ただし、命令公布は翌二十八日午前五時と予定し、それまでは説得工作を続けることにしていた。

だが、奉勅命令には説得せよなどという項目はない。無論、天皇は即座に鎮圧行動を起こせという命令を下したつもりである。天皇は、奉勅命令の裁可後は、さらに頻繁に本庄武官長を呼んで、まだか、まだ撃たぬかと催促を繰り返し、ついに武官長に向かって励声を浴びせた。

「朕自ら近衛師団を率い、これが鎮定に当たらん」

天皇は軍事のプロである。小火器しか備えていない千五百人程度の反乱部隊を鎮圧することなど、近衛師団をもってすれば造作もないことである。それがどうして一日たっても殲滅できないのか。満州事変では、天皇が命令したわけでもない奉天撃滅を一晩ですませた陸軍が、天皇が厳命した反乱軍の討滅に手間どっているのは、やる気の欠如としか思えない。

武官長は、白馬にまたがった大元帥陛下が陣頭に立って鎮圧部隊を指揮する光景を想起して、恐懼して退出し、必死に事態収拾に努めた。この日夕方には、真崎、西義一《にしよしかず》、阿部信行の三大将が決起部隊幹部を説得しようとしたが、真崎が泣かんばかりに原隊復帰を勧めても、決起部隊は撤兵しようとしなかった。

奉勅命令下令の刻限、二十八日午前五時は過ぎたが、軍部はまだ命令実行をためらった。すでに戦闘準備は万全である。東京にある近衛、第一師団に加えて、宇都宮の第十四師団から歩兵五個大隊、仙台の第二師団から歩兵四個大隊などが駆けつけ、戒厳司令官の指揮下にはいり、反乱部隊を包囲している。決起部隊の二十倍近い約二万四千人の大部隊である。戦車や野砲も威力を誇示するように配置され、決起部隊の兵士の恐怖をさそった。

高宮太平は、この大動員を画策したのは石原莞爾大佐で、大佐は事件を好機として自分の望むような強力内閣をつくって国防充実、民生安定を実現しようとしており、大動員の目的は「反軍に対する威圧よりも政府や組閣業者に対する示威」だったとしている。

戒厳司令部では、なお協議が続き、午前十時過ぎになってやっと討伐断行の結論が出た。反乱軍ができたばかりの議事堂に立てこもった場合、砲撃で議事堂を壊してしまうのは惜しい。そこで、当時研究を終わったばかりの防毒面の効かない催眠ガスを使うことが計画されたが、それもだめなら野戦重砲を使って議事堂を破壊してでも制圧するというところまで来ていた。

五　嗚咽の上奏

二十八日午前十一時ごろ、陸相官邸に猛スピードで走りこんできた自動車から山下少将が飛び出した。少将は、青年将校たちに撤兵せよとの「奉勅命令」の下達を告げた。たちまち蜂の巣をつついたような騒ぎになったが、将校たちにも、もうどうしようもないということがやっとわかった。山口大尉と、香田大尉、栗原中尉、および、すでに免官になっているので民間人だが、軍服を着用して参加している村中、磯部の五人が別室で協議することにした。栗原中尉が天皇に上奏することを提案した。「奉勅命令」だと言っても、命令文も見せられないのだからわからない、と言う。

既述のように、決起部隊は歩一連隊に組み入れられたから、奉勅命令が小藤連隊長に伝えられた時点で直属指揮官に下達されたことになる。ところが小藤大佐は、何度か青年将校たちと連絡をとりながらも、言いそびれたのである。

なぜ命令を下達しなかったかについて、小藤大佐自身が、後日憲兵隊で事情聴取に応じたところでは、大略以下のようになっている。

大佐は奉勅命令原本を二十八日午前八時ごろ陸相官邸で受領した。ところが、ちょうどそのころ、香田、村中、対馬らの将校たちが血相を変えて陸相官邸に来た。近歩三のほうから中橋中尉に奉勅命令が渡っていて、こんなものは陛下を臣下が欺いて強要したもので現在の占拠位置を撤退するのは間違いだと激昂している。

小藤大佐は困惑した。大佐は将校一同を集めて静かな環境で奉勅命令を下達するつもりだったのに、戒作命第一号で小藤大佐の統一指揮下にはいったはずの中橋中尉に別系統から先に伝達されたのではぶちこわしである。そこで大佐は、なんとか彼らを鎮静化させるような対策を講じてもらうべく第一師団司令部に赴いた。そこで堀丈夫《ほりたけお》師団長から戒厳司令官に話を通じてもらったところ、戒厳司令官も尽力しようということになった。それから師団長とともに陸相官邸に行ってみると、ちょうど山下少将が将校たちを説得しているところだったのである。

だから、彼らが直属上官から正式の命令を下達されていないと言うのは、その通りなのだが、周囲を大部隊が取り巻いて鎮圧の態勢が整っているのを見れば、山下少将の言うことが本当であることはわかるはずである。これほどわかりやすくしても「わからない」のだから、どうしようもない「わからずや」ではある。現実に天皇から命令が下っても、まだ天皇の「本当の気持ち」を確かめたいというのは、「現実の天皇」と「現人神《あらひとがみ》の天皇」の乖離を意味する。「現人神の天皇」は自分の頭のなかにいるのだから、非常に身近で、非常に「わかりやすい」。ところが「現実の天皇」は宮中にいて、一度も会ったこともない。だから、彼らにとっては、「現実の天皇」は非常に「わかりにくい」存在なのである。(1) いくら「現実の天皇」が決裁して奉勅命令を下したと言っても、「現人神の天皇（自分の頭のなかの天皇）」はそんなことをするはずがないのである。

磯部は、憲兵隊での取り調べに、

「奉勅命令が下っても、実に宮中不臣の徒の策謀によって陛下の大御心を蔽い奉った奉勅命令だとしか考えられませんでした」

と答えている。

栗原中尉は、奉勅命令について、「もう一度お上にお伺い申し上げよう」と言い、

「お伺い申し上げた上で、もし死を賜るならば、将校は自決しよう。自決するときは勅使《ちょくし》の御差遣《ごさけん》をあおぐようにすれば、幸せではないか」

と言うと、自分の言葉に感動した様子で、どっと双眼に涙をあふれさせ嗚咽した。オーッと、山口

大尉も泣き出した。

「クリハラッ、きさまはえらいぞォ」

期せずして男泣きの大合唱がわき起こった。山下少将も男泣きのコーラスに驚いて部屋にはいってきたが、事の次第を聞いて、たちまち自分も男泣きの合唱に加わった。

堀師団長も、将校たちの決心に感激し、一人一人と握手を交わした。小藤大佐は、将校の代表者に、奉勅命令を下達するから将校は全員陸相官邸に集合するよう命じた。大佐は、将校が集合するまでの時間を利用して、いったん師団司令部に戻って爾後《じご》の打ち合わせをして、陸相官邸に戻ってきたところ、集合しているはずの将校がいない。陸相官邸には香田大尉一人がいるだけで、他は「幸楽」に集まったらしい。山下少将が官邸を離れたあと、泣きやんで少し考えてみた将校たちは、自決の決心を翻したのである。

結局奉勅命令は正式には下達されなかったわけで、これが、のちに軍法会議で非常に問題になることになる。

そもそも、正式命令なしに軍隊を動かし、政府を倒すために要人を殺害した時点で反乱罪が成立するわけだが、これが「陸軍大臣告示」で認められ、戒厳軍の指揮下に組み込まれて、占拠地域の警備にあたらせることにしたのがおかしいのである。

この点は、軍法会議で磯部が追及したところである。

法務官から「君らのしたことは大臣告示が下る以前において叛乱である」と言われた際に、磯部は「大臣告示が下達される以前において国賊叛徒であるということがそれほど明瞭であるのに、なぜ告示を示し、警備命令を与えたのです？　国賊を皇軍の中へ勝手に入れたのは誰ですか、大臣ですか、参謀総長ですか、戒厳司令官ですか、国賊を皇軍の中に陛下をだまして編入したやつは、明らかに統帥権の干犯者ではないか」と反論した。

　まことにその通りである。「大臣告示」に関与した軍中枢者も、当然処罰の対象になるはずだが、軍法会議はこれをうやむやにしてしまった。

　当時憲兵大尉だった大谷敬二郎は、天皇の討伐厳命を知りながら、「大臣告示」のような措置をとったことについて、以下のように述べている。

「結果として、彼ら決起将兵の士気を鼓舞し、同時にまた、それがこの鎮定を鈍らしたものとするならば、このような文書（陸軍大臣告示）を出したことは、単に相すまぬ、軽率だっただけでは済まされるものではない。何よりも遺憾なことは、これが、当時の天皇の意志に反する内容を持つことである。天皇のいう叛徒を以て国体の真姿顕現者と称揚したことは、天皇への反逆であり、天皇の親任する軍事参議官は、天皇の不逞の臣だったということになろう」

　磯部の想像と異なって、討伐命令のほうが現実の「大御心」であり、磯部を喜ばせた「大臣告示」のほうが「不臣の徒の策謀」だったのである。

「大臣告示」で懐柔して帰隊させられればそれでよし、それがうまく行かなければ、撤兵の奉勅命令を発してこれに従わなければ討伐するという筋書きにもっていくはずだったのが、奉勅命令下達の儀式をする場に将校たちが現われなかったので筋書き通りに行かなかったわけである。だが、命令の正式な下達は受けなかったとしても、小藤大佐が憲兵隊で証言したように、決起将校たちは全員奉勅命令が下ったことを承知していたことは間違いない。

午後一時、山下少将は川島陸相と連れ立って参内し、本庄武官長に会った。決起将校たちは自決してお詫びしようとしている、ついては「勅使を賜り死出《しで》の光栄を与えられたし、これ以外解決の手段なし」と、武官長から天皇に勅使派遣をお願いして欲しい、と頼んだ。

天皇が親任した大臣たちを惨殺しておいて、勅使派遣など、土台無理な話である。それでも武官長は、天皇が承知されるかどうかは疑問だが、と言いながらも、上奏するだけは上奏した。

「なに」と、天皇は武官長の言葉を聞くと顔色を変えた。

「自殺するならば勝手になすべく、このごときものに勅使などもってのほかなり。師団長が積極的に出づるあたわずとするは、自らの責任を解せざるものなり」

天皇の声と顔色は、武官長として三年間のご奉公の中で「かつて拝せざる」怒気をたたえ、「ただちに鎮定すべく厳達せよ」と机をたたいて指示した。

山下少将との協議に参加した五人の間で自決論が出ていると聞いて、清原少尉は憤然席を蹴って陸相官邸を出て料亭「幸楽」に陣取る安藤に通報した。安藤大尉は決行には最後まで反対したが、ひとたび参加するや誰よりも闘志を燃やした。彼は、包囲軍の近衛師団部隊に対して先制攻撃の戦闘準備を命じた。村中は清原少尉を追って「幸楽」に来て見たが、安藤隊はすっかり興奮して、村中でさえ兵にさえぎられて安藤大尉に近づけない状態だった。安藤隊だけで打って出るのは自殺行為である。村中は、他の同志と相談するから待つよう遠くから大声で伝えて戻った。

結局、攻撃側の準備も手間取り、夜戦になると戦闘が長引く恐れがあることもあって、攻撃は翌朝まで延期されることになった。延期決定の上奏のとき、事件以来天皇の厳命と陸軍の躊躇《ちゅうちょ》の間に立って苦悶し通しだった武官長は、ついに泣き出してしまった。児島襄《こじまのぼる》はこれを〝嗚咽《おえつ》の上奏〟と呼んでいる。

若者が、大人や、自分たちを押さえつけようとする規制一般に、反発心を抱くのはむしろ正常な精神発達過程である。だが、そこで若者らしい浅慮のままに暴力行為に及ぶのは何としてもくいとめなくてはならない。それを国家として承認してしまうとどうなるかは、中国の紅衛兵による文化大革命の悲惨な歴史によって、記憶に新しいところである。

天皇は、事件発生以来、ゆるぎなく明確な判断を維持している。勅使差遣問題についても、武官長はその「厳然たるご態度」と「条理の正しき」に感銘を受けた。もちろん、高官殺害の罪、軍隊を利用した罪はまぬがれない。憲法と軍法に従っての処断は当然である。だが、青年将校が神と仰ぎ、きっと自分たちの思いをわかってくださると信じて決起した心情に対し、彼らの「行為」は許さないとしても、彼らの「心情」に理解は示していただけないものだろうか。

「……陛下……へ、陛下ァ……」

万感の思いをこめて、武官長は両手で顔を覆って嗚咽し続けた。

天皇は、言葉にならずに泣き続ける武官長を眺めていたが、ふと立ち上がって部屋を出た。一人残された武官長も泣きやんで、武官府に戻っていると、しばらくして呼び出しの電話がかかり、天皇は打って変わって静かな声で武官長を迎えた。

「武官長の所感を軍事参議官に伝え、かつ、速やかに事態を収拾すべく取り計らえ」

明治九年生まれの武官長は、昭和十一年がちょうど還暦であった。天皇はこの年の天長節（当時の祝日。天皇誕生日。現「昭和の日」）で満三十五歳だから、二十五歳の年齢差がある。だが、泣きじゃくる武官長をなだめるような天皇の態度は、天皇のほうが武官長を「赤子《せきし》」として慈しむかのようであった。

天皇の言葉は、それまでの討伐第一主義ではなく、なお説得工作または別の方策が可能ならば試みてよいとの意に理解される。天皇も武官長のいう「心情」を理解しないわけではない。ただ、情におぼれて法をゆがめるわけにはいかないということであろう。

武官長は、さっそく軍事参議官が集まっている偕行社に連絡し、荒木大将を呼び出して事の次第を伝えたが、荒木大将は、奉勅命令が出た以上、実力行使しかないと首を振った。

（1）「多くの人が君主について知っているのは外見だけのことで、真相を知っている者はほんのわずかである」（マキアヴェッリ『君主論』）

六　兵に告ぐ

結局、二十八日の夜は、一方で決起部隊に対する討伐体制が促進されながら、なおも〝無血鎮定〟のための苦慮と工作も続き、〝決戦前夜〟の雰囲気の中で過ぎていった。

二十八日午後十一時、戒厳司令官香椎中将は、具体的な討伐計画を示す「戒作命第十四号」を下令した。

「叛乱部隊はついに大命に服せず。よって断乎武力をもって当面の治安を回復せんとす」

ここではじめて決起部隊は「叛乱部隊」と公式に宣言された。

「戒作命第十四号」が発令されると、本庄武官長は午後十一時十四分、天皇に拝謁してその内容を伝え、天皇は満足の意を表明した。

決起部隊は、これら討伐体制の詳細については知らなかったが、あわただしい雰囲気は当然に感得される。戦車の轟音が八方に響き、立ち退きを急ぐリヤカー、大八車が行き交うのも望見された。いよいよだ、という思いは、決起将校だけでなく、兵たちの胸にもこみ上げてきた。兵たちの間には、次第に重苦しい不安感がこみ上げてきた。原因の一つは糧食の問題だった。決起部隊には二十八日朝までは原隊から糧食が運ばれてきたが、午後からは中止され、おかげで各部隊ごとにパン、菓子、酒などを商店で買って過ごすことになった。

兵士は、将校から〝昭和維新〟のための決起と聞いてついてきた。難しい話はわからないが、とにかく重臣を殺せば農民の暮らしが楽になるらしい。おまけに〝維新〟が成功すれば、自分たちも〝維新の元勲〟の仲間入りできそうな話だった。それがどうやら雲行きがおかしい。とにかくハラが減っては戦をする気にはならない。誰も自分の頭でじっくり考えて自分の意志で行動しているわけではなく、時代の雰囲気に流され、将校は部下に突き上げられ、〝同志〟に意気地のないところは見せられず、兵士は隊長が〝君側の奸〟を討てば世の中がよくなるというのを信じてついてきただけである。兵士のうちには、重臣襲撃のことなど全く知らず、夜中にたたき起こされて単なる夜間訓練だと思って命令に従ってついてきただけという兵士も多かった。

二十九日午前一時、村中は、包囲軍の移動と弾薬を配給するただならぬ気配を察知して、野中大尉のもとに飛んでいった。

「もうこうなれば、徹底的に戦うしかない。それには新議事堂を複郭陣地にして戦おう」

と進言した。村中はすでに免官となり、部下は一兵もない。自分で戦闘指揮はできず、同志将校を頼るしかない。野中大尉は承諾した。

鉄道大臣官邸を占拠していた野中隊は、午前三時に新議事堂に移動し、家屋防御の配置をした。野中大尉は、兵を集めて、

「最後の決戦をする。天皇陛下のため、俺と一緒に死んでくれ」

と、涙を流して説得したが、終日一食も口にしていなかった兵隊は、うなだれたまま一人として「ともに死にましょう」という者はなかった。結局、野中大尉は総攻撃前に部下を帰順させた。

その前夜遅く、戒厳司令部は、将校の説得をあきらめ、兵士を説得することを思いついた。二十八日午後十一時ごろ、陸軍省新聞班員の大久保弘一少佐が降伏勧告文を書いていたとき、憲兵が反乱軍の下士官以下兵三名の捕虜を連れてきた。さっそく参謀が尋問にあたると、曹長は厳然たる態度で決起の趣旨や革命の必要について所信を述べ、異常な興奮に目を血走らせていた。ところが二名の兵は革命とか反乱については全然知らない、暴動を鎮圧するのだといわれているという。「お前たちは反逆行為をしているのだぞ」といっても「中隊長殿のいわれることを信じます。あの立派な中隊長の命

令にそむくことはできません」といって泣き出すばかりである。そこで大久保少佐は偕行社別館に行き、真崎、荒木、寺内ら軍事参議官のたむろしているところに飛び込んで、「飛行機と戦車を使って勧告文をまこうと思います。いままで決起将校に対してばかり説得や勧告が行なわれてきましたが、兵たちは何も知らずに上官に引きずられているのです。どうしても直接兵隊に呼びかける必要があります」と、先ほどの捕虜の話をまじえて意見具申をすると、「よし、それではやってくれ。だが（攻撃開始を）延ばしても午前中だけだぞ」と寺内大将が言った。

事件発生から丸三日間、誰一人兵士に直接帰隊を呼びかけようとしなかったことは、日本が「アジア的」社会であったことの証明である。兵士が上官の命令に従うことはあまりにも当然で、誰も兵士を自立した個人とは思っていなかったのだ。

こうしてできたのが、有名な「下士官兵に告ぐ」の降伏勧告文である。

下士官兵ニ告グ
一、今カラデモ遅クナイカラ原隊ヘ帰レ
二、抵抗スル者ハ全部逆賊デアルカラ射殺スル
三、オ前達ノ父母兄弟ハ国賊トナルノデ皆泣イテオルゾ
　二月二十九日　戒厳司令部

昭和十一年はうるう年であったので、このビラが飛行機、戦車などによって撒《ま》かれたのは、二月二

十九日である。その第一項に出てくる「今からでも遅くないから」は、この年の流行語になった。サラリーマンが、遅刻しそうなときなどに、腕時計を見て「オッ、〝今からでも遅くないから〟急いで行こう」とか言うのである。

「勅命下る　軍旗に手向かうな」というアドバルーンもあがった。ラジオでも「兵に告ぐ」の放送が行なわれた。

「勅命が発せられたのである。すでに天皇陛下のご命令が発せられたのである（中略）天皇陛下に叛《そむ》き奉《たてまつ》り、逆賊としての汚名を永久にうけるようなことがあってはならない。

今からでも決して遅くはないから、ただちに抵抗をやめて軍旗の下に復帰するようにせよ。そうしたら今までの罪も許されるのである。

お前たちの父兄はもちろんのこと、国民全体もそれを心から祈っているのである。

速やかに現在の位置を棄てて帰って来い」

この放送文のうち、「今までの罪も許される」というくだりは、のちに陸軍刑法違反だと部内から批判されるが、中村茂アナウンサーの名調子は聞く者の胸を打った。くり返し、くり返し放送するうちに、アナウンサーも涙にむせび、ラジオを聞いた師団長も、連隊長も、大隊長も、中隊長も、涙を流しながら、兵営を飛び出し、決起部隊に近づいて、「今からでも遅くないから、原隊へ帰れ」と呼びかけた。

決起部隊は動揺した。とにかく食糧がないのがつらいし、厳寒の中睡眠もろくに取れないまま警戒態勢をしいているため兵は疲労困憊していた。やがて、少人数ずつ下士官兵が勝手に部隊を離れて原隊に出頭するようになった。そして、まず中橋隊が帰隊し、ついで清原、坂井、野中隊と、帰順があいついだ。彼らの決起も軍の統制を離れた勝手な行動であったが、彼らの降伏もまた、〝同志〟の間での意思一致すらない勝手な行動としてばらばらに行なわれたのだった。

天皇は、この日、午前八時半から、宮城南端の振天府《しんてんふ》付近で、秩父宮、高松宮ら、ごく少数の皇族と御付武官のみを従えて、実行されるはずの討伐を観戦していた。これは、本庄日記にも記録されない極秘事項だったが、秩父宮御付武官・寺垣忠雄中佐が記録した日誌が『雍仁《やすひと》親王実紀』に記載されているのを中野雅夫が見つけて『天皇と二・二六事件』に記載した。振天府とは、御府《ぎょふ》と呼ばれる倉庫群の一つである。日本が行なった対外戦争の戦利品や戦没者の名簿などが収められていて、戦争ごとに異なる建物が建てられた。振天府は日清戦争の記念に建てられたもので、このあたりが宮城の南端にあたり、反乱部隊が占拠していた永田町に近接していたので、ここから観戦しようとしたのである。天皇は、結局実際の戦闘は行なわれずに事件がほぼ終息したのを確認して、午前十時半ごろ御殿に入御した。

しかし、最後まで決起に反対した安藤大尉の部隊だけは「山王ホテル」を占拠して、どこまでも帰順しようとしなかった。いったい、自分が、決起は時期尚早、成算はないと反対したとき、〝同志〟たちは、「いますぐ決起しなくてはいけない」と、どれほど自分を責めたてたろうか？　今ここで帰順するなら、決起の意味は何だったのか？　何のために老人たちを殺したのか？

さしもの磯部も、ことここにいたっては「オイ安藤、兵を帰してやろう」と言ったのに、安藤大尉は首を横に振った。

「諸君、ボクは今回の決起には最後まで不賛成だった。しかるにボクが決起したのは、どこまでもやり通すという決心ができたからだ。ボクは今、何人《なんぴと》をも信ずることができぬ。ボクはボク自身の決心を貫徹する」

押し問答の末、突然安藤大尉は自決すると言い出して拳銃を取り出そうとした。磯部はあわてて制止したが、安藤は「死なしてくれ」と振りほどこうとする。安藤の部下たちも安藤にとりすがって「中隊長殿が自決なさるなら、中隊全員お供をいたしましょう」と泣いた。

「オイ前島上等兵、おまえがかつて中隊長（安藤）を叱ってくれたことがある。中隊長殿、いつ決起するのです？　このままでおいたら農村はいつまでたっても救えませんと言ってねえ。農村は救えないなあ。俺が死んだらお前たちは堂込曹長たちを助けて、どうしても維新をやり遂げよ」

と安藤大尉が言うと、むらがる兵士たちは「中隊長殿、死なないでください」と泣き叫んだ。

磯部は羽交い絞めの力を少し緩めて「死ぬのはやめろ」とさとした。安藤がようやく自決しないと言うので、磯部は両腕を離した。安藤が中隊長を務める第六中隊の兵は「われらの六中隊」の軍歌を歌いだした。その歌が終わった直後、安藤大尉は拳銃を咽喉《のど》にあてて引き金を引いた。安藤大尉は担架で運び出されることになったが、銃弾は下顎骨をそいだだけで、致命傷にはならなかった。

ついに最後の安藤隊も帰順し、部隊として一戦交える道はなくなった。あとは幹部に残された道は自決か処刑かだけである。兵を帰した幹部は陸相官邸に集まった。官邸内にいる決起将校は武装解除されたが、自決用に机の上に拳銃や軍刀が並べてあった。だが、将校たちは見えすいた自決強要にかえって反発し、自決を取りやめ、公判闘争を行なうことにした。野中四郎大尉だけが、井《い》出《で》宣時《のぶとき》大佐の説得で自決した。

それ以外の将校たちはトラックに乗せられて、現在NHK放送センターの敷地になっている代々木陸軍刑務所に収容された。将校たちが処刑された場所には、現在、慰霊の観音像が建立されている。かくして三月になる前に事件は終息した。

七　明治は遠くなりにけり

二月二十九日午後二時過ぎ、杉山参謀次長と香椎戒厳司令官が参内して、事件が一段落した旨を上奏した。

天皇はそのあとで本庄武官長を呼び、安心の意を表明した。

「事変の経済界に与うる影響、なかんづく、海外為替の停止にいたるべきを憂慮せしが、（事変が）比較的早く片付きしより、もはやさしたる影響を与えず、大丈夫なり」

経済、為替——武官長にとっては、夢にも思わない考慮の外《ほか》のことまですべて考慮した上で、天皇は果断の処置を命じていたのだった。武官長は、とっさに奉答の言葉も思い当たらず、もごもご意味なく口を動かしながら拝礼した。

二・二六事件で死刑になった直接行動参加者は、免官になった村中と磯部、および民間人の渋川善助と水上源一をふくめて、十七名である。野中大尉は二十九日のうちに拳銃で自決し、河野寿大尉は牧野前内大臣襲撃の際に負傷して、陸軍衛戍《えいじゅ》病院熱海分院に入院中、三月五日、自決した。河野大尉は病院の裏山の松林で、果物ナイフで割腹し、頸動脈を刺そうとした。果物ナイフは刃こぼれして曲がってしまい、大尉はすぐには死にきれず、苦しみ抜いた末に割腹から十六時間後の六日午前六時四十分に絶命した。ほかの十七名は、前年の相沢事件の相沢中佐の銃殺刑執行の二日後、七月五日に死刑判決を受け、村中、磯部を除く十五名が七月十二日に処刑された。村中、磯部の二名は、北一輝と西田税とともに翌十二年八月十九日処刑された。ほかに将校グループでは五名が無期禁錮、二名が有期禁錮となった。下士官は四十三名、兵も三名が有罪となった。牧野前内大臣を襲撃した湯河原組は七名全員が有罪となり、民間人の水上が死刑になった。

真崎大将は、磯部、村中、北、西田が処刑されてほぼ一ヶ月後の昭和十二年九月二十五日、軍法会議で無罪になった。真崎が事件に乗じて権力掌握を図ったことは明白であり、普段から青年将校を寄せ付けて、興奮しやすい青年たちに「濁世」を嘆く言辞を吹き込んで「憂国」の過激行動をあおり続けていたことも衆知のことである。青年将校としても、真崎大将を「親分」として頼りにし、大将が〝うまく〟「昭和維新」を進めてくれると期待して事を起こしたことも明らかである。事件当日早朝には右翼浪人亀川から事件の通報を受けながら取り締まり当局に通報すらしなかった。反乱教唆《きょうさ》ないし反乱幇助《ほうじょ》ぐらいの罪には該当しそうに思える。

真崎の裁判の裁判長は磯村年《とし》大将、他の二人の裁判官は松木直亮《なおすけ》大将と小川関次郎法務少将であり、判決文を書いたのは小川である。

判決文は、真崎が士官学校校長時代に、生徒に対し国体精神の涵養に努めたうえで、強力内閣実現のためには大小の流血もやむを得ないとしていた点から説き起こし、教育総監更迭については、統帥権干犯を唱えて、村中孝次、磯部浅一らに大きな影響を与えたこと、磯部に森伝を通じて五百円を与えてその活動を援助したことなど、罪状を細かく列挙した。そのうえで、「叛乱者を利せんとするの意思より出でたる行為なりと認定すべき証憑《しょうひょう》十分ならず」として無罪と結論している。理由書と判決主文があまりに矛盾していることは従来から指摘されていたが、その理由について、小川は中野雅夫による戦後のインタビューで、以下のように語ったという。

「真崎大将は、ぼくが取り調べているとき、死刑になると思ったのか、両手を合わせて、小川閣下、どうか命だけは助けてください、とぼくを伏しおがんだ。それも一度ならず二度もあった。ぼくは大杉栄を殺した甘粕大尉事件、五・一五事件、相沢事件などを扱ったが、これほど卑怯な軍人は見たことがなかった。そのうえに、荒木貞夫大将らから、ぼくら裁判官に強い圧迫があった。荒木大将の主張は、真崎は対ソ戦略の権威者で、ソ連にも恐れられている。ソ連が北満州国境で進出しないのは真崎がいるからで、真崎を殺せば、ソ連の開戦は必至で、日本は重大な危機にさらされるという。ぼくら軍人としては、国防の危険を犯すことはできないので、いささかの抵抗として、理由書では有罪論を展開し、主文で無罪としたのである。誰がこの判決文を見ても真崎有罪とわかるように書いたのである」

　現実には、真崎を生かしておいても、ソ連は日ソ中立条約を踏みにじって対日参戦してきたし、真崎は事件後予備役となり、国防に何らの役割も果たすことはなかったのだから、小川の懸念は無用の杞憂となったわけである。

いかにおかしな判決といえども軍法会議の判決が無罪なら罰を加えることはできない。だが、普段、ことあるごとに「皇道」をとなえ、「武士道」を口にしてきた真崎大将であれば、「ことやぶれた」以上は、野中大尉、河野大尉に先んじて自決すべきだったろう。真崎大将は、「おめおめと」軍法会議に引き出され、言い逃れに終始し、軍法会議に長年携わった小川少将が見たこともない卑怯きわまる命乞いの末、〝無罪〟を勝ち得て八十歳まで長生きした。彼もまた個人の責任を自覚することができない「アジア的」社会の住人なのだった。

　真崎大将の後任として教育総監になり、二・二六事件で殺害された渡辺錠太郎大将の令嬢・和子は、事件当時わずか九歳で、目の前で惨劇にあった。彼女はその後成人しても結婚せずに修道女の人生を送った。その人生訓をつづった著書『置かれた場所で咲きなさい』は平成のベストセラーとなった。

　二・二六事件について、彼女は、

「私は、父を殺した人に対しては、憎しみを持っておりません。それでも、直接手を下さないで、彼らをあやつっていた人が憎いと思います」

と語ったという。

　決起に直接参加した人員は、正確には将校以下、民間人含めて総勢千四百八十三名であるから、その大多数は無罪となったわけである。いかに上官の命令とはいえ、不法行為であることが一見明らかな反乱に加わった以上は、兵も有罪となるはずである。それが自立した責任ある個人を裁く近代法の精神であるはずである。しかし、そうなると兵士は上官の命令が不法かどうか判断したうえで服従するのでなくてはならないことになる。それでは、上官の命令に何も考えずに服従するよう強制してきた軍隊秩序が崩壊することになる。結局、軍法会議は、絶対服従の論理を優先し、兵の罪を問わないことにしたのである。

無期禁錮五人のうちには、本庄武官長の娘婿山口一太郎大尉も含まれており、武官長は三月十六日、山口大尉の起訴決定を伝えられると、即座に娘である大尉夫人と子供（武官長の孫）たちを自宅に引き取り、辞表を提出した。周囲は、娘婿の行状にまで責任を取るのは過剰責任だと翻意を促したが、辞意は固く、辞任は承認された。

二・二六事件は大事件であった。だが、「皇軍相撃」の事態は避けられて、事件はおさまった。それで天皇が言ったように、「禍を転じて福と」することができたろうか？　国民世論上も、軍の横暴に対する反感は強くなっていた。そのことは、事件直前の二月二十日に行なわれた第十九回総選挙で、機関説問題で政府を追及した政友会が大敗して民政党が議席を伸ばしたことにも現われている。五・一五事件と異なって、二・二六事件に対しては、国民の反応は冷淡だった。一介の隊付将校らが約千四百名もの兵を率いて大官を殺傷し、四日間も政治の中枢地区を占領したことに国民は衝撃を受けた。連れ出された入営間もない新兵の父兄が青年将校たちに抱いた怒りも激しかった。まかり間違えば、自分たちの子弟が「反乱兵」として鎮圧部隊に射殺されたかもしれないのである。将校が、不法行為に兵を道連れしたことに対する世間の風当たりは強かった。青年将校に同情の声はなく、かえって殉職警官の遺族に見舞金が殺到した。いまこそ、国民の常識に立脚して、政党が力を示して、軍を押さえつけてしまういい機会だったろう。だが、軍に逆らうとまた流血の惨事となるという恐怖のほうが強くなって、結局軍部の思い通りに政治が牛耳られる結果となった。

確かに皇道派と見られる人物は予備役編入または左遷された。だが、その粛清は皇道派に偏っており、軍内では許されない政治活動という点では同罪の統制派への粛清はほとんど行なわれなかった。派閥抗争だけは粛軍の対象となったが、幕僚の政治関与は粛軍の対象とならなかった。とくに上層部将官が事件に責を引いてごっそり予備役になったため、中堅幕僚層が軍中央を制圧してしまった。統制派も皇道派も国内体制の改革による国防の強化、すなわち軍備拡張、陸軍予算増額を目指す点では変わりがない。ただ、その手段として皇道派は武力行使も辞さないとしたのに対し、統制派は陸軍の政治進出による国政刷新を目指し、軍の統制ある行動を主張したところが違っただけである。軍は、粛軍後、合法的に政治機構にはいり込み、次第に絶大な政治的発言力を握るにいたった。陸軍の後ろ盾を得て、蓑《みの》田《だ》胸《むね》喜《き》一派をはじめ、右翼の活動もいっそう激しくなり、文部省の考えまで左右するようになった。学生のなかにも日本学生協会なる団体ができて、教授の講義まで監視するようになり、そのため憲法講義のときに、機関説容認と糾弾されないよう天皇の地位に関するところは素通りする教授までいたと言う。

事件の犠牲者の中には、犬養内閣以来財政を担当し、陸軍の要求を抑えていた高橋蔵相もいた。高橋蔵相に代わる声望を持つ財政担当者は、もはやこの時期には見出すことは困難だった。かくして、テロと左遷と言論封殺により、日本の統治中枢からは天皇や西園寺公の頼みとする、知性や良識を備えた人物が一掃される事態となったのである。

俳人中《なか》村《むら》草《くさ》田《た》男《お》は、昭和のはじめに「降る雪や明治は遠くなりにけり」の句をつくった。明治の日本には、伊藤博文、陸奥宗光、大山巌といった優れた指導者がいて、東大初代綜理・加藤弘之が「君主専制、君主専治、貴顕政治のごときはみないまだ開化文明に向かわざる国の政体なり。なかんずく専制のごときは蛮夷《ばんい》の政体にして、もっとも悪むべく賤しむべきものなり[1]」と主張する自由があった。だが、二・二六事件の雪の日の後、日本の統治中枢には明治時代のようなすぐれた指導者はいなくなり、明治の文明開化の気風も完全に葬り去られてしまったのだった。

大著『二・二六事件』を著した松本清張は、事件が何を結果したかについて以下のように述べている。

「(これ以後の日本は) 軍部が絶えず『二・二六』の再発をちらちらさせて政・財・言論界を脅迫した。かくて軍需産業を中心とする重工業財閥を (軍が) 抱きかかえ、国民を引きずり戦争体制へ大股に歩き出すのである。この変化は、太平洋戦争が現実に突如として勃発するまで、国民の眼にはわからない上層部において、静かに、確実に進行していた。天皇の個人的な意思には関係なしに[2]」

松本は軍部の方針転換を見落としている。事件当時軍務局課員で、その後昭和十四年九月から十七年四月まで軍務局長として政界の裏面工作にあたった武藤章について、矢次一夫は「武藤は永田以後の政治将校であり、政治将校としては偉材として期待された永田が、未知数のままで殺害されたから、日華事変以後の軍部で武藤章があるいは第一人者だったと言ってよいかもしれない」と評している。矢次は、「武藤をはじめとする軍部将校たちが、骨髄に徹するほどに思い知らされたことは、天皇を中心とした政界指導層というものの壁の厚さが、いかに銃剣をもって突破しようとしても、容易には出来るものでないという、きびしい体験であった」と、武藤ら政治将校たちの事件後の心境の変化を描いている。

つまり、彼らは天皇を利用して軍部専制の体制を築くことは不可能であることを思い知ったのである。天皇の立憲主義は何があろうと揺らがないのである。これ以後、軍部は、議会や政党を無視して自己の意思を押し通そうとするのでなく、議会や政党を通じて意思を押し通す方向に転じた。天皇が内閣一致の上奏に絶対に逆らわないのであれば、内閣を軍部が牛耳れば軍部の意思は押し通せる。これ以後の歴史はその方向に進んでいく。無論、その過程では、「二・二六」の再発をちらつかせることは閣僚に対する脅しとして極めて有効に働いた。日米開戦前の閣内の議論で、東条陸相の発言に他の閣僚が沈黙してしまうのは、東条陸相の「それでは部下がおさまりません」という一言にふるえあがってしまった面は否定できないであろう。

　そして二・二六事件以後、天皇の神格化はいっそう進んだ。相沢事件のときもそうであったように、軍紀振粛のために有効なのは、当時の軍人が思いつく方法としては、〝国体明徴〟、つまり上官の命令を天皇陛下の命令として盲目的に服従するよう強制するしかなかったからである。

（1）立花隆『天皇と東大』

（2）松本清張『二・二六事件』

主要参考文献

池田俊彦『生きている二・二六』（文藝春秋）一九八七年

今西英造『昭和陸軍派閥抗争史』（伝統と現代社）一九七五年

岩井秀一郎『永田鉄山と昭和陸軍』（祥伝社新書）二〇一九年

同『渡辺錠太郎伝』（小学館）二〇二〇年

臼井勝美他『張学良の昭和史最後の証言』（角川文庫）一九九一年単行本、一九九五年文庫版

甘露寺受長『天皇さま』（日輪閣）一九六六年

小磯国昭『葛山鴻爪』（中央公論事業出版）一九六三年

小坂慶助『特高』（啓友社）一九五三年

斎藤隆夫『回顧七十年』（中公文庫）一九四八年原著、一九八七年文庫版

阪谷芳直他編『中江丑吉の人間像』（風媒社）一九七〇年初版、一九七六年再版

迫水久常『機関銃下の首相官邸』（恒文社）一九六四年

勝田龍夫『重臣たちの昭和史』上・下（文藝春秋）一九八一年

土橋勇逸『軍服生活四十年の想出』（勁草出版サービスセンター）一九八八年

寺崎英成他編『昭和天皇独白録』（文藝春秋）一九九一年

林茂『湯浅倉平』（三彩社）一九六九年

原田熊雄述『西園寺公と政局』全八巻＋別巻（岩波書店）一九五〇〜五六年

樋口季一郎『アッツ、キスカ・軍司令官の回想録』（芙蓉書房）一九七一年

福田赳夫『回顧九十年』（岩波書店）一九九五年

福本亀治『秘録二・二六事件真相史』（大勢新聞社）一九五八年

真崎秀樹『昭和天皇の思い出』（読売新聞社）一九九二年
伊藤之雄『昭和天皇伝』（文藝春秋）二〇一一年
岡田啓介『岡田啓介回顧録』（中公文庫）一九五〇年原著、一九七七年再刊、二〇〇一年文庫版
児島襄『天皇』全五巻（文藝春秋）一九七四年
相良俊輔『流氷の海』（光人社NF文庫）一九七三年原著、二〇一〇年新装版
ジョシュア・A・フォーゲル著／阪谷芳直訳『中江丑吉と中国』（岩波書店）一九八九年原著、一九九二年邦訳
鈴木一編『鈴木貫太郎自伝』（時事通信社）一九六八年
高宮太平『天皇陛下』（酣灯社）一九五一年
立野信之『叛乱』上下巻（ぺりかん社）一九五二年原著、一九七〇年決定版
富永孝子『張学良秘史』（角川ソフィア文庫）二〇一四年原著、二〇一七年文庫版
中野雅夫『橋本大佐の手記』（みすず書房）一九六三年
同『天皇と二・二六事件』（講談社）一九七五年
林政春『満州事変の関東軍司令官　本庄繁』（大湊書房）一九七七年
本庄繁著／島田俊彦解説『本庄日記』（原書房）一九三一〜四五年原著、二〇〇五年普及版
福田和也『昭和天皇』第一〜七部（文藝春秋）二〇〇八〜一四年
松田十刻『提督斎藤實「二・二六」に死す』（光人社NF文庫）一九九九年原著、二〇二〇年文庫版
松本健一『昭和天皇伝説』（朝日文庫）一九九二年原著、二〇〇六年文庫版
宮沢俊義『天皇機関説事件』上下巻（有斐閣）一九七〇年
山本七平『裕仁天皇の昭和史』（祥伝社）一九八九年原著、二〇〇四年新版
ギボン著／村山勇三訳『ローマ帝国衰亡史』全十冊（岩波文庫）一七七六〜八八年原著、一九五一〜五九年文庫版
同著／ローズマリー・ウィリアムス編／吉村忠典・後藤篤子共訳『図説　ローマ帝国衰亡史』（東京書籍）一九七九年原著、二〇〇四年邦訳
有馬学『日本の歴史23　帝国の昭和』（講談社）二〇〇二年

河野恒吉『国史の最黒点』前後編（時事通信社）一九六三年
小学館の『昭和の歴史』シリーズ全十巻＋別巻（小学館）一九八二～八三年
中央公論社の『日本の歴史』シリーズ全二十六巻（中央公論社）一九六五～六七年
中央公論社の『日本の近代』シリーズ全十六巻（中央公論社～中央公論新社）一九九八～二〇〇一年
中村隆英『昭和経済史』（岩波セミナーブックス）一九八六年
同『昭和史』全二巻（東洋経済新報社）一九九三年
半藤一利『昭和史』（平凡社）二〇〇四年
矢次一夫『昭和動乱私史』全三巻（経済往来社）一九七一～七三年
同『政変昭和秘史』上下巻（サンケイ出版）一九七九年
大谷敬二郎『昭和憲兵史』（みすず書房）一九六六年初版、一九七九年新装版
同『二・二六事件の謎』（柏書房）一九六七年
北博昭『二・二六事件全検証』（朝日選書）二〇〇三年
鬼頭春樹『禁断　二・二六事件』（河出書房新社）二〇一二年
同『実録　相沢事件』（河出書房新社）二〇一三年
澤地久枝『妻たちの二・二六事件』（中公文庫）一九七一年原著、一九七五年文庫版
高橋正衛『昭和の軍閥』（中公新書）一九六九年
同『二・二六事件』（中公新書）一九六五年初版、一九九四年増補改版
高宮太平『軍国太平記』（酣灯社）一九五一年
立花隆『天皇と東大』全二巻（文藝春秋）二〇〇五年
トゥキュディデス著／藤縄謙三訳『歴史　1』（京都大学出版会）前四〇〇年ごろ成立、二〇〇〇年邦訳
同著／城江良和訳『歴史　2』（京都大学出版会）前四〇〇年ごろ成立、二〇〇三年邦訳
秦郁彦『軍ファシズム運動史』（河出書房新社）一九六二年初版、一九七二年増補再版
同『裕仁天皇五つの決断』（講談社）一九八四年

松本清張『二・二六事件』全三巻（文藝春秋）一九六八～七二年原著、一九八六年新装版
カント著／篠田英雄訳『純粋理性批判』上・中・下（岩波文庫）原著一七八七年、一九六一年文庫版
同著／篠田英雄訳『道徳形而上学原論』（岩波文庫）一七八五年原著、一九六〇年文庫版、一九七六年改訳
バートランド・ラッセル著／市井三郎訳『西洋哲学史』全三巻（みすず書房）一九四六年原著、一九七〇年邦訳
福沢諭吉『学問のすゝめ』（岩波文庫）一八七二～一八七六年原著、二〇〇八年改版文庫版
同『文明論之概略』（岩波文庫）一八七五年原著、一九九五年文庫版
ヘーゲル著／武市健人訳『歴史哲学』全三冊（岩波文庫）一八四〇年原著、一九七一年文庫版
同著／長谷川宏訳『歴史哲学講義』全二冊（同）一九九四年新訳
同著／長谷川宏訳『法哲学講義』（作品社）原著一八二四年、二〇〇〇年邦訳
三浦銕太郎『世界転換史』（東洋経済新報社）一九四四年
吉本隆明『共同幻想論』（角川文庫）一九六八年原著、一九八二年（改定新版）文庫版
アリストテレス著／出隆訳『形而上学』全二冊（岩波文庫）前四世紀ごろ原著成立、一九六一年文庫版
同著／山本光雄訳『政治学』（岩波文庫）前四世紀ごろ原著成立、一九六一年文庫版
オルテガ著／寺田和夫訳『大衆の反逆』（『世界の名著56』所収）（中央公論社）一九三〇年原著、一九七一年邦訳
丸山真男『日本の思想』（岩波新書）一九六一年
滝村隆一『国家論大綱第一巻』上・下（勁草書房）二〇〇三年
同『国家論大綱第二巻』（勁草書房）二〇一四年
同『国家の本質と起源』（勁草書房）一九八一年
同『唯物史観と国家理論』（三一書房）一九八〇年
同『アジア的国家と革命』（三一書房）一九七八年
同『新版　革命とコンミューン』（イザラ書房）一九七七年
同『増補　マルクス主義国家論』（三一書房）一九七四年
同『北一輝』（勁草書房）一九七三年

プラトン著／藤沢令夫訳『国家』全二冊（岩波文庫）前三八五年ごろ原著、一九七九年文庫版
ホッブズ著／水田洋訳『リヴァイアサン』全四冊（岩波文庫）一六五一年原著、一九九二年文庫版
マキアヴェッリ著／黒田正利訳『君主論』（岩波文庫）一五一三年原著、一九五九年文庫版
マックス・ヴェーバー著／脇圭平訳『職業としての政治』（岩波文庫）一九一九年原著、一九八〇年文庫版
マルクス著／木前利秋訳『資本制生産に先行する諸形態』（マルクスコレクション第三巻所収）（筑摩書房）
　一八五七～六八年原著、二〇〇五年邦訳
モンテスキュー著／野田良之他訳『法の精神』上・中・下（岩波文庫）一七四八年原著、一九八九年文庫版
W・リップマン著／掛川トミ子訳『世論』上・下（岩波文庫）一九二二年原著、一九八七年文庫版
ルソー著／平岡昇他訳『社会契約論』（角川文庫）一七六二年原著、一九六五年文庫版
ロック著／鵜飼信成訳『市民政府論』（岩波文庫）一六九〇年原著、一九六八年文庫版。
J・S・ミル著／塩尻公明・木村健康訳『自由論』（岩波文庫）一八五九年原著、一九七一年文庫版
同著／水田洋訳『代議制統治論』（岩波文庫）一八六一年原著、一九九七年文庫版
木戸幸一『木戸幸一日記』上下巻および『木戸幸一関係文書』（東大出版会）一九六六年
同『木戸幸一日記　東京裁判期』（東大出版会）一九八〇年
木下康彦他『詳説世界史研究』（山川出版社）一九九五年
河野司編『二・二六事件』（日本週報社）一九五二年
高橋正衛他編『現代史資料4・5・23　国家主義運動1・2・3』（みすず書房）一九六三～七四年
中尾裕次編『昭和天皇発言記録集成』全二巻（芙蓉堂出版）二〇〇三年
林茂ら共同編集『二・二六事件秘録』全三巻＋別巻（小学館）一九七一～七二年
臼井勝美他編『日本近現代人名辞典』（吉川弘文館）二〇〇一年
日本史広辞典編集委員会『日本史広辞典』（山川出版社）一九九七年
秦郁彦編『日本陸海軍総合事典（第2版）』（東京大学出版会）二〇〇五年

五十音順人名索引（各項目末の数字は本書掲載ページ）

人名	生没年	事項
相沢三郎《あいざわさぶろう》	1889～1936	昭和期の軍人。宮城県出身。陸士（22期）卒。隊付将校の道を歩み、１９３５年台湾歩兵第1連隊転出を命じられたが、赴任前に永田軍務局長を刺殺。36年軍法会議で死刑判決。同年7月処刑。93～108、117、118、121～125、129、130、134、149、175、182、192、213、214、219
阿《あ》部《べ》信行《のぶゆき》	1875～1953	大正・昭和期の陸軍軍人・政治家。石川県出身。陸士（9期）・陸大卒。陸軍省軍務局長などを経て、１９２８年陸軍次官。２・２６事件後予備役。39年平沼内閣の後を受けて組閣。欧州大戦不介入を宣言し、日中戦争解決を目指したが、短命に終わった。40年中国特派全権大使となり、汪兆銘と日華基本条約を締結。42年翼賛政治会総裁。44年最後の朝鮮総督となり任地の京城で終戦を迎えた。日露戦争、第一次大戦、シベリア出兵のいずれにも出征せず、金鵄勲章のない唯一の陸軍大将と言われた。91、197
甘粕正彦《あまかすまさひこ》	1891～1945	昭和期の軍人・満州国官僚。宮城県出身。陸士（24期）卒。膝を痛めて憲兵に転じる。１９２３年渋谷憲兵分隊長兼麹町憲兵分隊長代理となり、同年9月16日、関東大震災時に検束された無政府主義者大杉栄、内妻の伊藤野枝、甥の橘宗一を絞殺、懲役十年の判決を受ける。実際の犯人は麻布の第三連隊であって、甘粕が罪を一人でかぶったために、その後陸軍内で力を得たとの説もある。26年10月釈放され、37年満州国協和会中央本部総務部長、39年満州映画協会理事長に就任。敗戦直後新京（現長春）で自殺。67、68、214
新井勲《あらいいさお》	1911～86	昭和期の軍人。栃木県出身。陸士（43期）卒。１９３６年２・２６事件に連座し、禁固6年判決・免官。39年仮釈放。戦後は在日米軍勤務を経て、小山商工会議所専務理事。126、129

荒《あら》木《き》貞《さだ》夫《お》	1877～1966	大正・昭和期の軍人。東京都出身。陸士（9期）・陸大卒。参謀本部第一部長などを務めて、1931年犬養内閣、次いで斎藤内閣の陸相となる。観念的・精神主義的言動により青年将校の支持を集め、真崎甚三郎とともに皇道派の中心人物。2・26事件後予備役編入。第一次近衛内閣、平沼内閣で文相に就任。戦後、A級戦犯として終身刑。69、74、76～79、81～83、90、117、118、122、178、186、190～192、205、208、214
安《あん》藤《どう》輝《てる》三《ぞう》	1905～36	昭和前期の軍人。岐阜県出身。陸士（38期）卒。青年将校運動の中心的人物。1935年歩兵第三連隊の中隊長となり、翌36年の2・26事件で首謀者の一人となり、部下を率いて鈴木貫太郎侍従長邸を襲撃。事件後軍法会議で死刑判決を受け、銃殺。117、126、128、129、131～133、135～137、142～144、155、156、187、203、210、211
池《いけ》田《だ》成《しげ》彬《あき》	1867～1950	明治～昭和前期の銀行家、財政家。米沢藩士の子。慶応義塾卒。ハーバード大学に留学。時事新報社に一時勤めたのち1895年三井銀行に入社。1909年常務取締役となり同行経営の中心となる。31年の「ドル買い事件」で元凶視され、辞意を表明したが受けいれられず、かえって団琢磨死後の三井本社にはいって「財閥転向」の主役を務めた。37年日銀総裁。その後第一次近衛内閣の参議、蔵・商相を歴任。41年枢密顧問官。45年12月A級戦犯容疑者に指定されたが、翌年5月解除。120、121
池《いけ》田《だ》純《すみ》久《ひさ》	1894～1968	昭和期の軍人。大分県出身。陸士(28期)・陸大卒。東大経済学部派遣、欧米出張などを経て、1935年支那駐屯軍参謀。37年企画院調査官。その後、奉天特務機関長などを経て、45年内閣総合計画局長官。戦後歌舞伎座サービス会社社長。29、30、82
池《いけ》田《だ》俊《とし》彦《ひこ》	1914～2002	昭和期の軍人・会社員。陸士（47期）卒。2・26事件に参加し、免官。無期禁固となるが、1941年12月仮釈放。42年日本綿花入社、ラングーン支店勤務。46年帰国。三幸建設入社。88年退社。164、167

出光万兵衛 (いでみつまんべえ)	一木喜徳郎 (いちききとくろう)	板垣徹 (いたがきとおる)	磯部浅一 (いそべあさいち)	石原莞爾 (いしはらかんじ)	石浜知行 (いしはまともゆき)
1882〜1964	1867〜1944	1907〜2002	1905〜37	1889〜1949	1895〜1950

出光万兵衛

大正・昭和前期の海軍軍人。福岡県出身。海兵（33期）卒。1916年水雷校教官。35年第1潜司令官。39年予備役。その後イギリス駐在などを経て、31年海軍侍従武官。83

一木喜徳郎

明治〜昭和前期の法学者・官僚・政治家。遠江国生まれ。東大卒。内務省にはいり、ドイツ留学後に東京帝大教授を兼任。1900年貴族院議員。法制局長官などを経て、14年第二次大隈内閣で文相兼内相となり、その後枢密顧問官、宮内大臣などを歴任し、34年枢密院議長となったが、天皇機関説問題で政友会・右翼らに攻撃されて辞任。39、118、179

板垣徹

昭和期の軍人。旧姓田中。陸軍中佐板垣征四郎の養子。陸士（41期）・陸大卒。2・26事件に連座して軍法会議に付されたが不起訴。その後大本営参謀、第12方面軍参謀などを務め、戦後は厚生省に勤務。1963〜66年援護局次長。144

磯部浅一

昭和前期の軍人。山口県出身。陸士（38期）・同経理学校卒。1934年士官学校事件で停職となり「粛軍に関する意見書」を配布して免官となる。36年2・26事件の首謀者の一人で、判決後も獄中で多くの記録を残したが、翌年銃殺。30、76、92、96、116〜121、126、127、129、131、132、136、141、146、150、169、170、176、177、188、190〜196、199〜202、210〜214

石原莞爾

昭和期の軍人。山形県出身。陸士（21期）・陸大卒。陸大教官などを経て、1928年関東軍参謀。日蓮宗を信仰し、世界最終戦論を打ち出す。満州事変、満州国建国の立案者でもあった。35年参謀本部作戦課長となり、2・26事件の収拾に尽力し、ついで同作戦部長となる。41年予備役に編入され、東亜連盟運動を推進。74、75、88、118、192、198

石浜知行

昭和期の経済学者。兵庫県出身。東大卒。ドイツ留学を経て、九州大教授となるが、3・15事件で辞職。戦後九州大に復帰。47、48

伊《い》藤《とう》博《ひろ》文《ぶみ》	１８４１〜１９０９	明治期の政治家。公爵。吉田松陰に学んで尊王攘夷運動に身を投じたが、イギリスに留学して開国論に転じる。１８７１〜73年岩倉遣外使節団の副使として欧米を視察。明治14年の政変の後、ヨーロッパで憲法調査に従事。帰国後85年初代内閣総理大臣となる。ドイツ風の憲法を起草し、89年明治憲法発布に貢献。４たび首相を務める。日清戦争では全権として講和条約に調印。１９００年にはみずから立憲政友会総裁となって政党内閣を組織し政党政治への道を開いた。日露戦争後、韓国統監を務めたが、韓国の民族運動家安重根により暗殺された。33、217
犬養《いぬかい》毅《つよし》	１８５５〜１９３２	明治〜昭和前期の政党政治家。慶大中退。新聞記者から官僚となったが、明治14年の政変で下野。第１回総選挙で当選。以後、立憲改進党・進歩党・憲政本党で活躍。１９１０年立憲国民党を結成し、第一次護憲運動では尾崎行雄と並び「憲政の神様」と称され、第二次護憲運動でも革新倶楽部を率いて活躍。31年末内閣を組織して満州事変の処理を図ったが、翌年の５・１５事件で殺害された。189、193、217
井上《いのうえ》準之助《じゅんのすけ》	１８６９〜１９３２	大正・昭和前期の財政家。大分県出身。東大卒。１８９６年日本銀行に入行。大阪支店長・ニューヨーク代理店監督役などを歴任後、１９１１年横浜正金銀行に入行、13年同行頭取。19年日本銀行総裁となり、第一次大戦後の金融政策を担当。23年山本内閣の蔵相に就任。24年１月辞職とともに貴族院議員となり、「財界世話役」として活躍。29年浜口内閣、31年若槻内閣で蔵相、井上財政を展開した。32年２月血盟団員に狙撃されて死亡。189、193
岩《いわ》田《た》愛《あい》之《の》助《すけ》	１８９０〜１９５０	大正・昭和時代の大陸浪人。兵庫県出身。私立大成中学卒。１９１０年大陸に渡り、辛亥革命に参加。その後清朝復辟運動に活躍。13年帰朝して頭山満・内田良平らに接近。阿部外務省政務局長暗殺に参画し、無期懲役となるが、24年仮出所。北京に遊び、28年帰朝、間もなく愛国社を結成。81

大岸《おおぎし》頼好《よりよし》	１９０２〜５２	昭和期の軍人。高知県出身。陸士（35期）卒。１９３３年歩兵61連隊中隊長。36年２・２６事件に連座して拘留、不起訴となるが同年予備役。76
大蔵《おおくら》栄一《えいいち》	１９０３〜７９	昭和期の軍人。大分県出身。陸士（37期）卒。戸山学校教官などを経て１９３５年歩兵73連隊中隊長。36年２・２６事件に連座して逮捕。37年禁固４年判決・免官。仮釈放後41年同成貿易上海支店勤務。46年帰国。76、98、124
大杉《おおすぎ》栄《さかえ》	１８８５〜１９２３	大正期の無政府主義者。香川県出身。陸軍幼年学校中退。東京外国語学校在学中に平民社に出入りし社会主義に傾倒、無政府主義者として大正初年から厳しい弾圧下に活動。革命をめぐり堺利彦・山川均らボリシェビキ派とアナ・ボル論争を展開。関東大震災の混乱のなか、憲兵大尉甘粕正彦らに惨殺された。68、214
大谷《おおたに》敬二郎《けいじろう》	１８９７〜１９７６	昭和期の憲兵。滋賀県出身。陸士（31期）卒。東大法学部派遣などを経て、１９３８年東京憲兵隊特高課長。その後京城憲兵隊長などを経て44年横浜憲兵隊長、東京憲兵隊長などを歴任。戦後戦犯容疑者に指定されるが逃亡し、49年逮捕。重労働10年の判決を受け、56年仮釈放。58〜60、82、87、120、125、158、164、170、178、202
岡田《おかだ》啓介《けいすけ》	１８６８〜１９５２	明治〜昭和期の海軍軍人・政治家。福井県出身。海兵（15期）・海大卒。日清・日露戦争に従軍。１９２７年田中義一内閣の海相となる。30年のロンドン海軍軍縮会議では海軍部内をまとめて条約締結に寄与した。34年内閣を組織。36年の2・26事件では難を逃れたが、内閣総辞職。その後重臣として対米開戦に反対。第二次大戦末期には戦局収拾をはかって東条内閣の退陣を進め、鈴木終戦内閣を支えた。40、53、83、86、118、122、136、137、147、148、168、181、182

岡村寧次《おかむらやすじ》	1884〜1966	大正・昭和期の軍人。東京出身。陸士（16期）・陸大卒。陸軍内の中国通の一人。1921年出張先のドイツで永田鉄山・小畑敏四郎らと陸軍改革の盟約を結ぶ。その後陸軍省補任課長・関東軍参謀副長・参謀本部第二部長などを歴任。41年北支那方面軍司令官、44年支那派遣軍総司令官となり、中国で敗戦を迎えた。70、74、75、81
小畑敏四郎《おばたとしろう》	1885〜1947	大正・昭和期の軍人。高知県出身。陸士（16期）・陸大卒。1921年ドイツで永田鉄山・岡村寧次らと陸軍改革の盟約を結ぶ。32年から参謀本部第二課長・同第三部長・陸大校長などを歴任。その間に対ソ戦略などをめぐって永田と対立。皇道派の中心となり、2・26事件後予備役編入。戦後東久邇宮内閣に入閣。70、75、80
片倉衷《かたくらただし》	1898〜1991	昭和期の陸軍軍人。福島県出身。陸士（31期）・陸大卒。1930年関東軍参謀部付となり、31年の満州事変に関わる。31年10月関東軍参謀となり、33年参謀本部部員などを歴任後、37年再び関東軍参謀となる。43年ビルマ方面軍参謀などを経て45年第202師団長として終戦を迎え、同年12月復員。119、176、177
加藤寛治《かとうひろはる》	1870〜1939	明治〜昭和前期の海軍軍人。福井県出身。海兵（18期）・海大卒。イギリス駐在武官などをへて、1921年ワシントン会議に海軍首席随員として参加、強硬論で加藤友三郎首席全権と対立。軍令部次長・連合艦隊司令長官などを歴任し、29年軍令部長に就任。翌年のロンドン軍縮会議の際、政府と対立して統帥権干犯問題を起こし辞職。艦隊派の総帥として軍縮条約からの離脱を主張した。91、92、170、176〜178
加藤弘之《かとうひろゆき》	1836〜1916	明治期の政治学者。但馬国生まれ。出石藩校弘道館を経て、佐久間象山に学ぶ。1860年蕃書調所教授手伝となり、ドイツ学を開拓。維新後天賦人権論について啓蒙し、明六社に参加。民撰議院論争では尚早論をとった。77年東大初代綜理。81年天賦人権論の旧著を絶版とし、社会進化論に転向。90年帝国大学総長。217

亀川哲也《かめがわてつや》	1891～1975	昭和期の右翼浪人。沖縄県出身。沖縄県立第一中学校卒。小学校代用教員、台湾総督府雇員、会計検査院書記など職を転々とする。２・２６事件への関与により１９３７年無期禁錮の判決を受けた。45年釈放。175、176、213
川島義之《かわしまよしゆき》	1878～1945	明治～昭和前期の陸軍軍人。愛媛県出身。陸士（10期）。日露戦争に出征後陸大卒。ドイツ留学を経て、陸大教官など教育畑を歴任したが、１９２６年陸軍省人事局長となり、その後朝鮮軍司令官などを経て35年陸相に就任。２・２６事件で青年将校に「維新」実行をせまられてなすところを知らず、事件後予備役。121、127、137、150、169、175～179、186、188～190、194、203
閑院宮《かんいんのみや》載仁親王《ことひとしんのう》	1865～1945	明治～昭和前期の皇族・軍人。閑院宮第6代。伏見宮邦家親王の第16王子。１８７２年閑院宮を相続し、78年親王宣下があり、載仁の名をうける。81年から91年までフランスに留学。日清・日露戦争に出征。第１・近衛師団長を経て、１９１２年大将・軍事参議官。19年元帥府に列せらる。31年荒木陸相のとき、軍部内の皇道派・統制派の抗争を抑えるため参謀総長に就任、40年まで務めた。77、87、96、107、186
甘露寺《かんろじ》受長《おさなが》	1880～1977	大正・昭和期の宮内官。伯爵甘露寺義長の長男。東京出身。東大卒。幼時より大正天皇（当時皇太子）の御学友として宮中に出仕。大学在学中を除いて１９５９年まで宮中に勤務。その間、大正・昭和天皇の皇太子時代の東宮侍従などを歴任。退職後明治神宮宮司。166～168
菊池《きくち》武夫《たけお》	1875～1955	大正・昭和期の陸軍軍人・国家主義者。宮崎県出身。九州南朝方の中心勢力だった菊池氏の子孫で、米良領主だった男爵菊池武臣の嗣子。陸士（7期）・陸大卒。奉天特務機関長を経て、１９２７年中将で予備役になる。31年貴族院議員となり、35年貴族院本会議で天皇機関説を攻撃した。34、35、38、39
北《きた》一輝《いっき》	1883～1937	大正・昭和前期の国家主義運動指導者。新潟県出身。本名輝次郎。１９０６年独学で「国体論及び純正社会主義」を執筆・出版。辛亥革命に際しては、中国革命同盟会・黒竜会にあって宋

		教仁を支援。しかし、中国の排日運動が激化すると日本国内の改革優先を痛感し、行動派青年将校に多大な影響を与える「国家改造案原理大綱」（のち加筆され「日本改造法案大綱」）を執筆した。20年猶存社に参加。36年の２・２６事件では直接には関与しなかったが、民間側の中心人物として死刑になった。30、36、37、81、108、110、120、121、129、130、132、170、193～195、213
木戸幸一《きどこういち》	１８８９～１９７７	昭和期の重臣・官僚政治家。木戸孝允の養嗣子孝正の長男。東京出身。京大卒。農商務省にはいり、１９３０年内大臣秘書官長に起用される。西園寺公望・牧野伸顕ら宮中・側近グループの知遇を得る一方、近衛文麿・原田熊雄ら革新貴族や鈴木貞ら革新派軍人と交わる。37年第一次近衛内閣に文相として入閣。厚相・内相などを経て、40年内大臣。重臣会議の幹事役として首班選考に携わり、陸軍軍人による陸軍制御を期待して東条内閣の成立に関与したほか、昭和天皇の秘書役として活動した。戦後Ａ級戦犯として終身刑判決を受けたが、55年仮釈放された。168、181、183
久原房之助《くはらふさのすけ》	１８６９～１９６５	明治・昭和期の実業家・政治家。山口県出身。慶大卒。藤田組にはいり、小坂鉱山の近代化に成功。１９０５年独立し、赤坂銅山を買収、日立銅山と改称して日本有数の大鉱山に育てた。第一次大戦後経営難に陥り、28年事業を義兄鮎川義介に譲って政界に転じる。政友会にはいって逓信相、政友会幹事長・総裁を歴任。大陸進出や政党解消を唱えた。121
栗原安秀《くりはらやすひで》	１９０８～37	昭和期の軍人。佐賀県出身。陸士（41期）卒。１９３６年2・２６事件で岡田首相官邸を襲撃。同年7月刑死。117、126～131、136～138、141、142、144、146～148、199～201
グルー	１８８０～１９６５	アメリカの外交官。ハーバード大学卒。夫人はペリーの兄の曾孫。デンマーク、スイスの公使を歴任、１９２４～27年国務次官。32年6月から駐日特命全権大使。日米関係の緊張緩和に努力し、柔軟な対日政策を国務省に進言した。太平洋戦争の勃発後、42年6月に交換船で帰国し、国務長官特別補佐官・極東局長・国務次官・国務長官代理を歴任。対日処理案の立案に尽力。日本の降伏直後に官界を引退。156、157、159

小磯国昭《こいそくにあき》	１８８０〜１９５０	大正・昭和期の軍人。栃木県出身。父は山形県士族。山形中学校を経て陸士(12期)・陸大卒。三月事件・満州事変の際の軍務局長。１９３２年２月荒木陸相のもとで陸軍次官となる。同年８月から関東軍参謀長兼特務部長として建国直後の満州国に影響力を行使した。35年12月から38年７月まで朝鮮軍司令官をつとめたあと、予備役に編入。平沼内閣・米内内閣の拓相。42年５月から朝鮮総督。44年７月、東条内閣の後を受けて内閣を組織したが、45年４月に総辞職。Ａ級戦犯として終身刑を受け、巣鴨拘置所内で病死。69、89、90
香田清貞《こうだきよさだ》	１９０３〜３６	昭和期の軍人。佐賀県出身。陸士(37期)卒。歩1連隊中隊長、支那駐屯軍歩兵隊付などを経て、１９３５年歩1旅団副官。36年２・２６事件に参加。同年７月刑死。117、126、128、136、141、169、175、199、201
河野寿《こうのひさし》	１９０７〜３６	昭和期の軍人。熊本県出身。陸士（40期）卒。横須賀重砲兵連隊付などを経て、１９３４年航空兵科に転じて、所沢飛行学校に機関科学生として入学。卒業後満州公守嶺飛行隊に転出したが、35年操縦科学生として再び所沢飛行学校に入学し、在学中２・２６事件に参加。湯河原に牧野伸顕を襲撃したが、護衛警官に撃たれ、熱海陸軍衛戍病院入院中自刃。136、137、142、159、212、213、215
河野恒吉《こうのつねきち》	１８７４〜１９５４	明治・大正期の軍人。昭和期の軍事記者。陸士（７期）・陸大卒。日露戦争に出征。日露戦後参謀本部員として日露戦史の編纂に従事。１９１７年欧州に出張し、第一次大戦視察。21年予備役となり、その後大阪朝日新聞の軍事記者となる。181
後藤新平《ごとうしんぺい》	１８５７〜１９２９	明治・大正期の政治家。陸奥国胆沢郡生まれ。医学を学び愛知県病院長などを経て１８８３年内務省にはいり衛生行政に尽力。98年から台湾民政局長（のち長官）として植民地行政に卓越した手腕を発揮した。１９０６年初代満鉄総裁。第二次桂内閣の逓信相、寺内内閣の内相を歴任。18年同内閣の外相となりシベリア出兵を推進。20年東京市長となり、都市計画な

		どに取り組むいっぽう、日ソ国交調整に尽力。関東大震災時には内相として東京復興計画立案の中心となる。23年末、虎の門事件による第二次山本内閣の総辞職とともに下野し、以後政治の舞台には立たなかった。152、189
近衛《このえ》文麿《ふみまろ》	１８９１～１９４５	昭和前期の政治家。東京出身。公爵近衛篤麿の長男。京大卒。１９１６年から貴族院議員。19年のパリ講和会議に随員として参加。31年貴族院副議長、33年同議長。37年6月第一次近衛内閣を組織。翌月盧溝橋事件が勃発し、日中戦争は泥沼化した。40年に第二次近衛内閣を組織して新体制運動を展開、「革新」政策を実施した。対外的には日独伊三国同盟を締結して「南進」政策をとった。41年7月、対米調整に反対する松岡洋右外相を放逐するため総辞職し、第三次近衛内閣を組閣。しかし南部仏印進駐により日米交渉を破局に陥れ、外交と開戦の二者択一を迫られて10月に総辞職。戦後、戦犯指定を受け、自決。183
小藤《こふじ》恵《さとし》	１８８８～１９４３	昭和期の軍人。高知県出身。陸士（20期）・陸大卒。チリ出張などを経て、１９３５年歩兵第1連隊長。同連隊が２・２６事件に関与したため、36年予備役。その後、37年支那事変に際し召集され、39年から支那事変史編纂委員などを務めた。117、138、196、199、201、202
西園寺《さいおんじ》公望《きんもち》	１８４９～１９４０	明治～昭和前期の政治家。維新後１８７１～８０年フランスに留学。１９０３年立憲政友会総裁となり、06年首相。19年パリ講和会議全権委員。24年以降唯一の元老として第一次近衛内閣まで首班候補選定に主導的役割を果たした。政党政治の擁護者、協調外交論者として知られる。30、85、86、118、137、144、146、188、217
斎藤《さいとう》実《まこと》	１８５８～１９３６	明治～昭和前期の海軍軍人・政治家。陸奥国胆沢郡生まれ。海軍兵学校（6期）卒。１８９８年海軍次官。１９０６年山本権兵衛海相の後継となって五代の内閣で海相を歴任。29～31年朝鮮総督。５・１５事件後、32年～34年首相。35年内大臣に就任したが、２・２６事件で殺害された。118、136、137、142、152～157、166、168、179、188

坂井直《さかいただし》	1910〜36	昭和期の軍人。三重県出身。陸士（44期）卒。1932年歩3連隊付。36年2・26事件に参加。同年7月刑死。136、142、143、152〜155、157、210
迫水久常《さこみずひさつね》	1902〜77	昭和期の政治家。岡田啓介海軍大将の女婿。鹿児島県出身。東大卒。大蔵省に入省。1934年義父岡田首相の秘書官となり、36年2・26事件に際し、首相官邸から岡田を救出するのに貢献。45年鈴木貫太郎内閣の書記官長に就任して終戦工作に奔走。翌年公職追放。追放解除とともに政界にはいり、52年衆議院議員に当選。55年落選を機に、翌年参議院全国区に転じ、以来現職のまま没するまで連続4回当選。182
渋川善助《しぶかわぜんすけ》	1905〜36	昭和期の右翼活動家。福島県出身。陸士中退。明大卒。民間右翼団体に関係し、いくつかの過激事件に連座して起訴され、保釈中の1936年に2・26事件が起こるや、決起部隊と民間側との連絡に奔走。同年7月刑死。212
清水盛明《しみずもりあき》	1896〜1979	昭和期の軍人。愛知県出身。陸士（29期）・陸大卒。野砲3連隊中隊長などを務めたのち、1934年兵器本廠付として新聞班勤務。39年イタリア大使館付武官。戦後サンマリノ共和国名誉総領事。29
蒋介石《しょうかいせき》	1887〜1975	中国の軍人・政治家。浙江省出身。1907年日本留学中に中国同盟会に入会。辛亥革命に際して帰国したが、第二革命失敗後再来日。24年黄埔軍官学校初代校長。孫文死後北伐継続。27年上海クーデターを行ない南京国民政府を組織。28年国民政府主席。反共政策をとり続けたが、西安事件を契機に一致抗日を迫られ、日中戦争勃発後は南京から重慶へと遷都して抗戦を継続。日本敗戦後の国共内戦に敗れ、49年末台湾へ逃れ、大陸反抗を夢見るが果たせなかった。171、172
昭和天皇《しょうわてんのう》	1901〜89・	大正天皇の第一皇子。1912年皇太子となり、21年摂政となる。26年皇位継承。張作霖爆殺事件で田中義一首相を叱責し、内閣総辞職をもたらす。2・26事件では反乱軍鎮圧を命

	在位1926～89	じた。45年8月御前会議で終戦を決断。46年神格化を否定して人間宣言。生物学者としても著名。89年1月崩御。御陵は武蔵野陵。25、26、32、43、44、51～61、83～94、127、155、163～169、171、172、176～181、184～186、188～190、192、195～197、199～210、212、216～219
末松《すえまつ》太平《たへい》	1905～93	昭和期の軍人。福岡県出身。陸士（39期）卒。2・26事件に連座し、1937年軍法会議判決・禁固4年、免官。39年釈放。76
菅波《すがなみ》三郎《さぶろう》	1904～85	昭和期の軍人。宮崎県出身。陸士（37期）卒。1928年の第二次山東出兵に従軍。2・26事件に連座して37年免官・軍法会議で禁固5年。39年仮出所。76
杉山元《すぎやまはじめ》	1880～1945	大正～昭和期の軍人。福岡県出身。陸士（12期）・陸大卒。陸軍省航空課長などを経て、1928年陸軍省軍務局長。満州事変当時は陸軍次官。37年林内閣、続いて第一次近衛内閣の陸相に就任。40年参謀総長となり、日中戦争・太平洋戦争の遂行に大きな役割をはたした。44年小磯内閣の陸相に再任。敗戦後、拳銃自決。69、186、190、196、197、212
鈴木《すずき》貫太郎《かんたろう》	1867～1948	明治～昭和期の海軍軍人・政治家。和泉国生まれ。海兵（14期）・海大卒。1924年連合艦隊司令長官。29年侍従長。2・26事件で襲撃を受け重傷。45年4月首相。御前会議で戦争完遂を主張する軍部をおさえてポツダム宣言受諾と戦争終結を決定後、総辞職。43、118、136、137、142、155～157、166、168、179、181
鈴木《すずき》貞一《ていいち》	1888～1989	大正・昭和期の軍人。千葉県出身。陸士（22期）・陸大卒。1927年若手将校の研究会である木曜会結成の中心の一人となり、三月事件にも関与。陸軍省新聞班長などを経て41年予備役。第二次近衛内閣の国務相企画院総裁。東条内閣にも留任し、物資動員計画を担当。戦後A級戦犯として終身刑となるが、56年釈放。73、75、118

高野《たかの》長英《ちょうえい》	1804～50	江戸後期の蘭学者・医者。陸奥国水沢生まれ。1825年長崎に赴きシーボルトに師事。28年シーボルト事件発覚後、姿を隠し、30年江戸で開業。39年蛮社の獄に連座、永牢となるが、44年脱獄。50年江戸で幕吏に襲われ自殺。152
高橋《たかはし》是清《これきよ》	1854～1936	明治～昭和戦前期の政治家・財政家。江戸生まれ。農商務省官吏などを経て、1889年銀行開発のためペルーにわたるが失敗。92年日本銀行に入行。99年日本銀行副総裁となり、金本位制確立や日露戦争の戦費調達のための外債募集で活躍し、1911年総裁に就任。13年第一次山本内閣の蔵相に就任後、立憲政友会に入党。原内閣の蔵相を経て、21年には首相兼蔵相、政友会総裁となる。護憲三派内閣の農商務相を務め、田中義一内閣では蔵相として金融恐慌対策に従事した。31年12月犬養内閣の蔵相就任後、高橋財政を展開したが、36年に公債漸減による財政引き締めの方針をとって軍部と対立、2・26事件で殺害された。78、118、136、137、146、149～151、160、161、163、168、217
高橋《たかはし》太郎《たろう》	1913～36	昭和期の軍人。石川県出身。陸士（46期）卒。1934年歩3連隊付。36年2・26事件に参加。同年7月刑死。137、154、158、159
高松宮《たかまつのみや》 宣仁《のぶひと》親王《しんのう》	1905～87	大正天皇の第3皇子。1913年有栖川宮威仁親王の危篤に臨んで、大正天皇から高松宮の宮号を受けて、宮家を創立し、有栖川宮家の祭祀を継承した。海兵（52期）・海大卒。太平洋戦争末期には、終戦促進に尽力。86、210
竹島《たけしま》継夫《つぐお》	1907～1936	昭和期の軍人。滋賀県出身。陸士（40期）卒。歩29連隊付となり、1931年満州駐屯中満州事変に遭遇。34年豊橋陸軍教導学校歩兵隊付となる。36年2・26事件に参加。同年7月刑死。144

建川《たてかわ》美次《よしつぐ》	１８８０～１９４５	明治～昭和前期の軍人。新潟県出身。陸士（13期）・陸大卒。日露戦争に騎兵の建川挺身隊として活躍。参謀本部員・各国駐在武官などを経て、１９２９年参謀本部第２部長となり、三月事件に関与。ついで同第１部長となり、満州事変の直前、関東軍を抑止する目的で満州に派遣された。その後、第10・第４師団長を経て、２・２６事件で予備役。40年駐ソ大使。44年大政翼賛会総務となる。69
田中《たなか》義一《ぎいち》	１８６４～１９２９	明治～昭和前期の政治家・陸軍軍人。長門国生まれ。陸士（旧８期）・陸大卒。日清・日露戦争に出征。山縣有朋・寺内正毅らの庇護の下で累進、軍務局長・参謀次長などを経て、１９１８年原内閣の陸相。山縣らの死後、陸軍長州閥の後継者となり、第二次山本内閣でも陸相。27年組閣して外相を兼務、積極外交を展開した。張作霖爆殺事件の処理をめぐって昭和天皇の叱責を受けて辞任。66、67、69、70、72、74、76、83、180
田中《たなか》新一《しんいち》	１８９３～１９７６	昭和期の軍人。新潟県出身。陸士（25期）・陸大卒。ソ連・ポーランド駐在を経て、１９３２年関東軍参謀。37年陸軍省軍事課長。40年参謀本部第１部長。44年ビルマ方面軍参謀長となり、45年５月プノンペン付近で飛行機墜落、重傷。８月24日帰国入院。11月予備役。56
田中勝《たなかまさる》	１９１１～３６	昭和期の軍人。山口県出身。陸士（45期）卒。１９３３年市川野重砲兵７連隊付。36年２・２６事件に参加。同年７月刑死。145、158
団琢磨《だんたくま》	１８５８～１９３２	明治～昭和前期の実業家。筑前国生まれ。旧姓は神屋。団家の養子となる。マサチューセッツ工科大卒。東大助教授などを経て１８８４年工部省入省、三池鉱山局に勤務した。88年三池炭鉱の三井への払い下げとともに、三池炭鉱事務長に就任。デービー・ポンプの据付により湧水問題を解決し、94年三井鉱山専務理事となり同社を指導した。１９０９年三井合名参事、14年理事長に就任して三井財閥の指導者となる。男爵。32年血盟団員に射殺された。120

秩父宮《ちちぶのみや》雍仁親王《やすひとしんのう》	１９０２～５３	大正天皇の第二皇子。１９２２年成年にともない一家を創立し、秩父宮の宮号を受ける。陸軍士官学校本科卒業後、25年イギリスに留学。31年陸大卒後、歩兵第３連隊・歩兵31連隊・参謀本部などに勤めた。45年陸軍少将。スポーツ振興にもつくした。210
張学良《ちょうがくりょう》	１９０１～２００１	中国の軍人・政治家。張作霖の長男。遼寧省出身。父が爆殺されたのち蒋介石に接近、１９２８年国民政府傘下にはいる。満州事変勃発後33年下野外遊。34年帰国後共産軍討伐のため転戦するが、一致抗日の必要を認めて36年蒋介石を軟禁（西安事件）、第二次国共合作の端緒を開く。事件後逮捕され、日中戦争中は貴州に、戦後も台湾で軟禁生活が続いたが、蒋介石の死後、次第に行動の自由が許されるようになり、90年にはＮＨＫの取材を受け、大きな反響を呼んだ。その後91年に釈放され、アメリカ・ハワイに隠棲。同地で生涯を終えた。171、172
張作霖《ちょうさくりん》	１８７５～１９２８	民国初期の奉天派軍閥。遼寧省出身。日清戦争に従軍後馬賊に身を投じ、辛亥革命時は奉天国民保安会軍事副部長。袁世凱死後奉天督軍兼省長。18年三省巡閲使となり、奉天軍閥を形成。22年第一次奉直戦争に敗れ関外に退いたが、24年の第二次奉直戦争後、北京政権を掌握。28年北伐軍に敗れて関外へ引き揚げる途中、関東軍に爆殺された。74、180
辻政信《つじまさのぶ》	１９０２～６８？	昭和期の軍人・政治家。石川県出身。陸士（36期）・陸大卒。１９３７年北支那方面軍参謀などを経て、同年11月関東軍参謀。39年のノモンハン事件では中央の意図に反して事件を拡大。その敗戦により一時閑職に就いたが、41年7月参謀本部戦力班長となる。太平洋戦争緒戦のマレー作戦で第25軍参謀。タイの第18方面軍参謀のとき敗戦となり、地下に潜行。１９４８年帰国。52年から衆議院議員。61年東南アジア旅行中にラオスで失踪。68年7月死亡宣告。118、119
対馬勝雄《つしまかつお》	１９０８～３６	昭和期の軍人。青森県出身。陸士（41期）卒。歩31連隊付となり、満州事変に出征。１９３４年豊橋陸軍教導学校付。36年２・２６事件に参加。同年7月刑死。144、147、187、199

土《つち》橋《はし》勇《ゆう》逸《いつ》	１８９１～１９７２	昭和期の軍人。佐賀県出身。陸士（24期）・陸大卒。フランス駐在などを経て、１９３２年参謀本部員。国際連盟全権代表随員として欧州出張。その後、歩兵第20連隊長、フランス大使館付武官、参謀本部第２部長などを歴任。41年第48師団長となり、比島、ジャワ攻略作戦に携わる。その後第38軍司令官としてインドシナで終戦を迎え、戦犯容疑者として抑留されたが、不起訴となり、50年復員。118
寺《てら》内《うち》寿《ひさ》一《いち》	１８７９～１９４６	大正・昭和期の軍人。山口県出身。寺内正毅の長男。陸士（11期）・陸大卒。欧州駐在などを経て、第４師団長となる。在任中のゴー・ストップ事件では強硬な態度をとる。１９３６年２・２６事件後広田内閣の陸相に就任して粛軍人事を行なうが、37年の腹切り問答で、政党と衝突、内閣総辞職の原因となった。日中戦争では北支那方面軍司令官、太平洋戦争では南方軍司令官。敗戦後、シンガポールで抑留中に病死。122、208
東《とう》条《じょう》英《ひで》機《き》	１８８４～１９４８	昭和期の軍人・政治家。東京出身。陸士（17期）・陸大卒。満州事変ごろから統制派の有力メンバーとして頭角を現わし、関東憲兵隊司令官、同参謀長、陸軍次官などを歴任。第二・三次近衛内閣では陸相を務め、中国からの撤兵反対論を唱え、対米交渉で妥協を排した。１９４１年10月現役陸相のまま組閣、対米英開戦の決定をした。44年７月戦況不利のため総辞職。敗戦後、極東軍事裁判でＡ級戦犯として起訴され、死刑。73～75、80、118、183、219
徳《とく》富《とみ》蘇《そ》峰《ほう》	１８６３～１９５７	明治～昭和期の言論人。本名猪一郎、蘇峰は号。肥後国生まれ。蘆花の兄。熊本洋学校を経て同志社に学ぶ。１８８７年民友社を創立して雑誌「国民之友」、90年「国民新聞」を創刊。日清戦争後は国家主義的論調の時局論を展開。修史事業をライフワークとし、「近世日本国民史」百巻を完成。45

中《なか》江《え》丑《うし》吉《きち》	1889〜1942	大正・昭和前期の思想家・中国学者。中江兆民の長男。東大卒。北京にあって独学で中国古代思想史を学び、東西の古典を渉猟し厳格な態度で学問に没頭。日中戦争以降、ヘーゲルやマルクスに傾倒し、冷徹な分析で日本の敗北を予見した。9
中《なか》島《じま》莞《かん》爾《じ》	1912〜36	昭和期の軍人。佐賀県出身。陸士（46期）卒。1934年鉄道2連隊付。35年陸軍砲工学校入学、在学中の36年2・26事件に参加。同年7月刑死。146、151、160
永《なが》田《た》鉄《てつ》山《ざん》	1884〜1935	大正・昭和前期の軍人。長野県出身。陸士（16期）・陸大卒。ヨーロッパ駐在中、小畑敏四郎、岡村寧次らと陸軍の改革を決意し、帰国後一夕会などの中心となる。1926年陸軍省動員課長となり、以後同軍事課長・参謀本部第2部長などを歴任。34年3月に陸軍省軍務局長に就任し、以後は統制派の中心とみなされるようになった。翌年皇道派の相沢三郎中佐に軍務局長室で刺殺された。70、74、75、80、83、84、87、89〜92、96〜104、106、123、218
中《なか》橋《はし》基《もと》明《あき》	1907〜36	昭和期の軍人。佐賀県出身。陸士（41期）卒。近歩3連隊付を経て、1934年歩18連隊付として満州出征。35年近歩3連隊付（中隊長代理）となり、翌年2・26事件に参加。同年7月刑死。136、145、146、150〜152、160〜164、199、210
中《なか》村《むら》草《くさ》田《た》男《お》	1901〜83	昭和期の俳人。中国福建省厦門生まれ。本名清一郎。東大卒。「ホトトギス」で学び高浜虚子の指導を受けた。戦後「万緑」を創刊。作風は社会現実に対する批判性を強め、難解の度を加えることになった。217
丹《に》生《う》誠《よし》忠《ただ》	1908〜36	昭和期の軍人。鹿児島県出身。陸士（43期）卒。1931年歩1連隊付。36年2・26事件に参加して処刑。岡田啓介総理とは、丹生の母の姉の夫の妹が総理の妻という姻戚関係にあたる。126、127、137、141、147

西《にし》義顕《よしあき》	１９０１～６７	昭和期の満鉄社員。栃木県出身。陸軍大将西義一の実弟。早大卒。１９３０年満鉄に入社。35年満鉄南京事務所長となり、支那事変勃発に際して和平工作に携わり、汪兆銘工作、銭永銘工作などにかかわる。71
西《にし》義一《よしかず》	１８７８～１９４１	大正・昭和期の軍人。福島県出身。陸士（10期）・陸大卒。日露戦争に出征。侍従武官、欧州出張などを経て、１９３１年第８師団長。35年軍事参議官。36年３月教育総監。同年８月予備役。197
西田《にしだ》税《みつぎ》	１９０１～３７	昭和前期の国家主義者。鳥取県出身。陸軍士官学校（34期）卒。士官学校時代から国家主義的傾向を強め、予備役編入後、北一輝の「国家改造案原理大綱」の理念を実現するため青年将校を組織。36年の２・２６事件では民間側の主謀者の一人とされて北とともに死刑になった。30、81、97、98、121、129、130、175、193～195、213
野中《のなか》四郎《しろう》	１９０３～３６	昭和期の軍人。岡山県出身。陸士（36期）卒。歩兵３連隊第７中隊長として２・２６事件に参加。事件終結後自決。126、128、132、136、137、142、143、147、161～164、207、210～212、215
橋本《はしもと》欣五郎《きんごろう》	１８９０～１９５７	昭和期の軍人。岡山県出身。陸士（23期）・陸大卒。トルコ公使館付武官などを経て、参謀本部ロシア班長となる。急進派将校による桜会を組織し、１９３１年の三月事件・十月事件の首謀者となる。2・26事件後予備役となり、大日本青年党を結成。日中戦争で召集され、レディバード号事件を起こす。40年大政翼賛会常任総務となり、42年の総選挙で衆議院議員。戦後Ａ級戦犯として終身刑。76、77、94、97、192
橋本《はしもと》群《ぐん》	１８８６～１９６３	大正・昭和期の軍人。広島県出身。陸士（20期）・陸大卒。フランス駐在などを経て、１９３６年支那駐屯軍参謀長、37年第１軍参謀長として支那事変に従軍。38年参謀本部第１部長。39年予備役。99、101

鳩山一郎《はとやまいちろう》	1883〜1959	大正・昭和期の政党政治家。東京出身。東大卒。弁護士から衆議院議員となり、政友会で地歩を築く。田中義一内閣の書記官長、犬養毅・斎藤実両内閣の文相などを歴任。太平洋戦争中は大政翼賛会に批判的な立場を堅持。戦後日本自由党創立の中心となるが、公職追放にあう。51年追放解除後は反吉田陣営の中心となり、日本民主党の総裁として内閣を組織し、日ソ交渉を手がけた。39
林銑十郎《はやしせんじゅうろう》	1876〜1943	大正・昭和前期の陸軍軍人。石川県出身。陸士（8期）・陸大卒。満州事変に際し、朝鮮軍司令官として参謀本部の制止を無視して満州に侵攻し追認された。皇道派の派閥人事に反発し、1934年陸相に就任すると永田鉄山を軍務局長に起用、真崎教育総監を更迭して皇道派に打撃を与え、初期統制派の形成を庇護した。相沢事件で引責辞任、36年予備役編入。37年内閣を組織、祭政一致を掲げ政党と絶縁。「食い逃げ解散」を敢行したが選挙で野党が大勝、4ヶ月余で総辞職した。40年内閣参議。57、69、74、82、83、87、88、91〜93、96、107、121、157
林《はやし》 八郎《はちろう》	1914〜36	昭和期の軍人。山形県出身。陸士（47期）卒。1935年歩1連隊付。36年2・26事件に参加。同年7月刑死。141、142、147、148、164、190
原《はら》 敬《たかし》	1856〜1921	明治・大正期の政党政治家。盛岡藩士の次男として盛岡で生まれたが、のち分家して平民となる。1882年外務省入省。98年官界を辞して大阪毎日新聞社社長となる。1900年立憲政友会結成に参加。02年衆議院議員当選。以後連続8回当選。14年政友会総裁に就任。18年内閣を組織し平民宰相と呼ばれたが、多数による力の政治や利益誘導政治に対する批判も強く、東京駅で暗殺された。66、188、193
原田熊雄《はらだくまお》	1888〜1946	大正・昭和期の政治家。男爵。東京出身。京大卒。1924年加藤高明内閣の首相秘書官。その後、西園寺公望の秘書となり、木戸幸一や近衛文麿との政治的関係を保ちながら、親英米の立場から政界情報の収集、西園寺の意思伝達のため奔走。31年貴族院議員。昭和戦前期政治史の重要資料たる「西園寺公と政局」を遺した。30、84〜86

東久邇宮《ひがしくにのみや》稔彦《なるひこ》	1887～1990	昭和期の皇族・陸軍軍人。久邇宮朝彦親王の第九子。東久邇宮家を創立。妃は明治天皇の皇女聡子内親王。陸大卒。1923年フランス陸軍大学卒。軍事参議官陸軍大将。戦後、特に天皇に請われて45年8月内閣を組織。降伏文書の調印、軍の解体などの終戦処理を実施したが、占領軍当局の急激な民主化政策に追いつけず2ヶ月で総辞職。47年の皇室改革で皇籍を離れ、晩年は新興宗教の開祖となるなど奔放な生活ぶりで話題をまいた。87、88
樋《ひ》口《ぐち》季《き》一郎《いちろう》	1888～1970	昭和期の軍人。兵庫県出身。陸士（21期）・陸大卒。参謀本部員などを経て、1925年ポーランド公使館付武官。28年帰朝。33年歩兵41連隊長。37年ドイツ出張を経て、ハルビン特務機関長となり、ユダヤ人難民保護に尽力。38年参本第2部長として汪兆銘工作にかかわる。39年第9師団長。42年北部軍司令官。43年北方軍司令官。戦後北部復員監。94～96
平《ひら》沼《ぬま》騏《き》一郎《いちろう》	1867～1952	明治～昭和期の司法官僚。美作国生まれ。東大卒。司法省にはいり、東京地裁、東京控訴院などの判事を経て、1905年大審院検事。10年大逆事件を摘発。11年以降、司法次官・大審院長・司法大臣を歴任。26年枢密院副議長。国本社を組織するなどの右翼的傾向が元老西園寺に忌避されていたが、39年1月から8月まで首相。第二次近衛内閣でも入閣。45年4月から12月まで枢密院議長。戦後、A級戦犯となり、終身禁錮。85、86、91、92
平《ひら》野《の》助《すけ》九郎《くろう》	1885～1938	大正・昭和期の軍人。佐賀県出身。陸士(18期)・陸大卒。第8師団参謀、第46連隊長などを経て、1935年豊予要塞司令官。2・26事件に連座して36年7月拘引されるが不起訴。96
福《ふく》田《だ》赳《たけ》夫《お》	1905～95	昭和後期の政治家。群馬県出身。東大卒。1929年大蔵省に入省。30～33年英仏駐在。41～43年南京政府経済顧問。戦後、銀行局長・主計局長などを歴任。48年昭和電工疑獄事件に連座して辞職（その後無罪判決確定）。52年衆議院初当選。59年農林大臣、65年大蔵大臣などを歴任。76年総理大臣。149、150

福《ふく》田《だ》雅《まさ》太《た》郎《ろう》	１８６６～１９３２	大正期の軍人。肥前国生まれ。陸士（旧９期）・陸大卒。日清戦争に出征。ドイツ留学、陸大教官などを経て、日露戦争にも出征。１９２１年台湾軍司令官。23年関東大震災に際し、関東戒厳司令官。25年予備役。30年枢密顧問官。67、69
福本《ふくもと》亀《かめ》治《じ》	１８９５～１９８２	昭和期の軍人。広島県出身。陸士（29期）卒。当初騎兵将校となったが、１９２３年憲兵となり、31年東大法学部卒。赤坂憲兵分隊長などを経て、35年東京憲兵隊特高課長。その後中野学校幹事、漢口憲兵隊長、第６方面軍憲兵隊司令官などを歴任。戦後米軍の上海法廷で終身刑判決。58年まで戦犯として拘禁。137
伏見宮《ふしみのみや》博恭王《ひろやすおう》	１８７５～１９４６	明治～昭和前期の皇族・海軍軍人。伏見宮第23代。ドイツの海軍兵学校・同大学校に留学、１８９５年帰朝。１９０４年日露戦争に出征し、黄海海戦で負傷。１９１４年海軍大学校長、23年宮家を相続。32年海軍軍令部長となり元帥に列する。翌年から41年まで軍令部総長。170、176～178
古荘幹郎《ふるしょうもとお》	１８８２～１９４０	大正・昭和期の軍人。熊本県出身。陸士（14期）・陸大卒。日露戦争に出征し戦傷を負う。ドイツ駐在などを経て、１９２７年陸軍省軍事課長。32年参謀本部第1部長。35年陸軍次官。37年台湾軍司令官。38年第21軍司令官として広東攻略。39年大将・軍事参議官。126
本庄《ほんじょう》繁《しげる》	１８７６～１９４５	大正～昭和前期の軍人。兵庫県出身。陸士（９期）・陸大卒。日露戦争に従軍し、瀕死の重傷を負う。北京・上海駐在、参謀本部支那課勤務などののち、１９１９年歩兵第11連隊長としてシベリア出征。その後張作霖の軍事顧問などを歴任し、陸軍の中国通として知られる。１９２８年第10師団長、31年関東軍司令官となり、満州事変に関与。33年侍従武官長となり、36年２・２６事件後に予備役編入。その後、傷兵保護院総裁・枢密顧問官を務め、終戦後自決。51～54、56、58～61、83、84、88、91、92、165～169、179、188～190、197、203～206、212、216
牧《まき》野《の》伸顕《のぶあき》	１８６１～１９４９	明治～昭和期の政治家。伯爵。大久保利通の次男。鹿児島に生まれ、牧野家の養子となる。岩倉遣外使節団に同行してアメリカに留学。開成学校（のち東大）中退後、外務省出仕。1

		906~08年第一次西園寺内閣の文相。のち枢密顧問官・農商務省・外相。19年パリ講和会議全権委員。21年宮内相。25~35年内大臣。国際協調・立憲政治擁護の立場から摂政宮（のち昭和天皇）を補佐したが、急進派青年将校からは親英米派・自由主義者と目され、5・15事件、2・26事件で襲撃目標とされた。85、118、137、141、142、146、159、213
真崎《まさき》甚三郎《じんざぶろう》	1876~1956	大正・昭和期の軍人。佐賀県出身。陸士（9期）・陸大卒。教育総監部第2課長・陸軍士官学校長などを経て、1929年第1師団長。台湾軍司令官の後、32年参謀次長となり、荒木貞夫とともに皇道派中心の人事を推進。34年教育総監となるが、翌年林銑十郎陸相により罷免された。2・26事件後に予備役編入となり、反乱幇助容疑で軍法会議にかけられたが無罪となった。53、65、67、69、74、77~79、81~84、87~93、96~98、103、118、120、122、125~127、131、135、157、165、170、175~178、181、190、194、195、197、208、213~215
真崎《まさき》秀樹《ひでき》	1908~2001	昭和期の外交官。佐賀県出身。陸軍大将真崎甚三郎の長男。東大卒。1934年外務省に入省。上海駐在、米国在勤、などを経て、43年フィリピン大使館3等書記官。戦後終連中央連絡官などを経て、59年宮内庁侍従職御用掛として天皇の通訳を務め、64年大使としてアフガニスタンに赴任したが、69年から宮内庁御用掛として再び天皇の通訳を務めた。181
町田《まちだ》忠治《ちゅうじ》	1863~1946	明治~昭和期の政党政治家。出羽国秋田郡生まれ。東大卒。新聞記者、日銀勤務などを経て、1912年5月衆議院議員初当選。のち憲政会・立憲民政党に属し、第一次若槻・浜口・第二次若槻各内閣の農相、岡田内閣の商工相兼蔵相、小磯内閣の国務大臣を務めた。45年日本進歩党を結成、総裁となるが、翌年公職追放により引退。40
松本烝治《まつもとじょうじ》	1877~1954	大正・昭和期の商法学者・政治家。東京出身。東大卒。1903年東大助教授、商法を担当。欧州留学後の10年同教授となる。19年同大を辞し、満鉄副社長、内閣法制局長官、斎藤実内閣の商工相などを歴任。戦後幣原内閣の国務大臣として憲法改正案の起草を手がけたが、総司令部の拒否にあった。39

松本清張《まつもとせいちょう》	１９０９〜９２	昭和期の小説家。福岡県出身。本名清張《きよはる》。小倉市清水尋常小学校高等科卒。版下工などを経て朝日新聞西部本社社員となる。１９５０年「週刊朝日」の懸賞小説に「西郷札」が入選。52年芥川賞受賞。56年から文筆業専門となり、「点と線」などの推理小説のほか、「昭和史発掘」など史実解明に取り組んだ作品もある。87、101、119、121、145、146、162、163、218、219
水上源一《みずかみげんいち》	１９０８〜３６	昭和期の右翼活動家。北海道出身。日大卒。国家改造運動にかかわり、青年将校と交わる。１９３６年２・２６事件に際し、湯河原の牧野伸顕襲撃に加わり、重傷を負った河野大尉に代わって指揮を執ったとの理由で、同年７月死刑判決を受け、刑死。142、212、213
満井佐吉《みついさきち》	１８９３〜１９６７	昭和期の軍人。福岡県出身。陸士（26期）・陸大卒。ドイツ駐在などを経て、１９３４年陸大教官。翌年相沢中佐特別弁護人となる。36年２・２６事件に連座して起訴され、翌年軍法会議判決・禁固３年・免官。38年仮出獄。42〜45年衆議院議員。134、192、193
箕作元八《みつくりげんぱち》	１８６２〜１９１９	明治・大正期の西洋史家。江戸鍛冶橋の津山藩邸に生まれる。東大卒。１８８６年動物学研究のためドイツに留学したが、強度の近視のため歴史学に転じた。１９０２年東京帝大教授。フランス革命史を中心に実証的研究を進め、揺籃期の日本西洋史学の進展に寄与した。61
蓑田胸喜《みのだむねき》	１８９４〜１９４６	大正・昭和期の国家主義者。熊本県出身。東大卒。１９２５年共産主義撲滅・政党撲滅・帝国大学粛清を掲げて原理日本社を設立し、機関誌「原理日本」を刊行。過激な攻撃ぶりから「きょうき＝狂気」と恐れられた。滝川事件・天皇機関説問題の火付け役となり、自由主義的な学問・思想を執拗に攻撃した。戦後、郷里で自殺。34、217
美濃部達吉《みのべたつきち》	１８７３〜１９４８	明治〜昭和期の憲法・行政法学者。兵庫県出身。東大卒。内務省を経て１８９９年から独・英・仏に留学。１９０２年に帰国し東京帝国大学教授となり、行政法講座を担当。12年天皇機関説に立つ「憲法講話」刊行。上杉慎吉と論争になるが、学会の支持を得た。20年から憲法第２講座兼担。32年貴族院勅選議員。35年の貴族院での菊池武夫の攻撃を契機に天皇機関

矢次《やつぎ》一夫《かずお》	１８９９〜１９８３	昭和期の労働運動家・政治家。佐賀県出身。高小卒。職業を転々としたのち協調会を経て、１９２５年労働事情調査所を設立、労働争議を調停した。33年には国策研究会を設立して政界の裏面で活躍。戦後、追放解除後、国策研究会を再建。岸信介ら歴代首相とも親しく、韓国・台湾外交にも活躍した。89、218
柳川《やながわ》平助《へいすけ》	１８７９〜１９４５	大正・昭和期の軍人。佐賀県出身。陸士（12期）卒。日露戦争に出征後陸大卒。陸大教官、欧州駐在などを経て、１９３４年第一師団長。35年12月台湾軍司令官。36年予備役。38年興亜院総務長官。第二次近衛内閣で法相。117、123、194、195
山岡《やまおか》重厚《しげあつ》	１８８２〜１９５４	昭和期の陸軍軍人。高知県出身。陸士（15期）・陸大卒。日露戦争に出征。陸士、その後陸大の教官などを経て、１９３２年軍務局長。34年整備局長。37年予備役となるが、同年のちに召集され第１０９師団長。89、97、98、102、103
山県《やまがた》有朋《ありとも》	１８３８〜１９２２	明治・大正期の政治家・陸軍軍人。松下村塾に学び、尊王攘夷運動に携わる。戊辰戦争では参謀。維新後陸軍で兵制改革に従事。１８８９年12月〜91年５月および98年11月〜１９００年10月の二度にわたって首相。日清戦争後、第二次伊藤内閣と自由党の提携に対抗し、政党に批判的な勢力は山県のもとに結集、山県閥と呼ばれ、伊藤系と対峙した。日清戦争で第１軍司令官、日露戦争では参謀総長。伊藤博文の死後は元老の第一人者として首相選定の主導権を握り、政党勢力と緊張関係にあった。69、70
山下《やました》奉文《ともゆき》	１８８５〜１９４６	昭和期の軍人。高知県出身。陸士（18期）・陸大卒。陸軍省軍務局課員・オーストリア大使館付武官などを経て、１９３０年歩兵第３連隊長。ついで陸軍省軍事課長・同軍事調査部長などを歴任。皇道派系の軍人として、２・２６事件では青年将校寄りの行動をとる。41年第25軍司令官となり、太平洋戦争開戦とともにシンガポール攻略を指揮、44年フィリピン防衛の第14方面軍司令官。敗戦後マニラで絞首刑。104、105、126、175、187、188、194、198〜201、203

【著者紹介】

三浦　由太（みうら　ゆうた）

1955 年岩手県水沢市生まれ
1982 年山形大学医学部卒
1989 年整形外科専門医
1993 年医学博士
1994 年開業

既刊著書

『町医者が書いた哲学の本』（丸善プラネット）2009 年
『日中戦争とはなにか』（熊谷印刷出版部）2010 年
『黄塵の彼方』（文芸社）2014 年
『真白き木槿《むくげ》の花　決死の三十八度線越え』（文芸社）2014 年
『小太郎地獄遍路　慟哭の満州』（文芸社）2017 年
『巫術《ふじゆつ》』（文芸社）2019 年

二・二六事件研究《じけんけんきゅう》

2020 年 7 月 3 日　第 1 刷発行
2022 年 6 月 5 日　第 3 刷発行

著　者 ― 三浦《みうら》　由太《ゆうた》

発行者 ― 佐藤　聡

発行所 ― 株式会社 郁朋社《いくほうしや》

〒 101-0061　東京都千代田区神田三崎町 2-20-4
電　話　03（3234）8923（代表）
ＦＡＸ　03（3234）3948
振　替　00160-5-100328

印刷・製本 ― 日本ハイコム株式会社

装画・装丁 ― 青木　宣人

郁朋社ホームページアドレス　http://www.ikuhousha.com
この本に関するご意見・ご感想をメールでお寄せいただく際は、
comment@ikuhousha.com までお願い致します。

©2020 YUTA MIURA Printed in Japan　ISBN978-4-87302-721-0 C0095